SUNT UN COPIL AL LUI DUMNEZEU

Chika, îngerul orfan care și-a găsit o familie, a cucerit inimi și a schimbat vieți.

Descrierea CIP a Bibliotecii Naţionale a României
ALBOM, MITCH
Sunt un copil al lui Dumnezeu : Chika, îngerul orfan care şi-a găsit o familie, a cucerit inimi şi a schimbat vieţi / Mitch Albom. - Bucureşti : Bookzone, 2020
ISBN 978-606-9700-23-5

821.111

Grafician copertă: **Maria Stoian**
Traducător: **Maria Dosei**
Redactor: **Anca-Elena Coman**
Corector: **Ioana Barbu**
Tehnoredactor: **Anca Marisac**

Editura Bookzone
Şoseaua Berceni nr. 104, sector 4, Bucureşti
Comenzi şi informaţii:
Telefon: +40 774 091 579; +40 770 584.429
E-mail: office@bookzone.ro
www.bookzone.ro

Mitch Albom

SUNT UN COPIL AL LUI DUMNEZEU

Chika, îngerul orfan care și-a găsit o familie,
a cucerit inimi și a schimbat vieți.

Bookzone
BUCUREȘTI, 2021

Copiilor de la orfelinatul Have Faith din Haiti,
care ne demonstrează, zi de zi,
incredibila reziliență a copilăriei

Când aveam un an, eram la început de drum.
Când am făcut doi, eram aproape evoluat.
Când am împlinit trei, am început să fiu eu.
Când am făcut patru, nu am crescut prea mult.

Când am ajuns la cinci, am început să exist.
Dar acum am făcut șase și sunt peste poate de isteț.
Așa că am de gând să rămân la șase pentru totdeauna.

A. A. Milne[1]

---

[1] Scriitor englez, autor al cărții pentru copii *Winnie Puh*. (n. tr.)

Unu

Noi

– Nenea Mitch, de ce nu scrii?

Chika stă întinsă pe covorul de la mine din birou. Se rostogolește pe spate. Se joacă cu degețelele.

Vine aici dimineața devreme, când lumina de-abia se întrevede la fereastră. Uneori își aduce o păpușă sau un set de carioci. Alteori, e doar ea. Poartă pijamalele ei albastre - bluza cu *Micul meu ponei* și pantalonii cu stele în culori pastel. Înainte, după ce se spăla pe dinți, îi plăcea să-și aleagă singură hainele, să asorteze culoarea șosetelor cu aceea a bluzițelor.

Dar n-o mai face.

Chika a murit primăvara trecută, când copacii din curtea noastră dădeau să îmbobocească, exact ca acum, fiindcă a venit iar primăvara. Absența ei ne-a lăsat fără aer, fără poftă de mâncare, ne-a luat somnul; și eu, și soția mea am rămas cu privirea în gol vreme îndelungată, până când s-a găsit cineva să stea de vorbă cu noi și să ne scoată din starea aceea.

Apoi, într-o dimineață, Chika a reapărut.

– De ce nu scrii? mă întreabă iar.

Stau cu brațele încrucișate pe piept. Mă holbez la un monitor gol.

Despre ce?

– Despre mine.

O s-o fac.

– Când?

Curând.

Scoate un mârâit ca de pui de tigru din desenele animate.

Nu te supăra.

– Hmmmm.

Nu te supăra, Chika.

– Hmmmm.

Să nu pleci, da?

Bate cu degetele micuțe pe birou, ca și cum ar lua în considerare chestiunea.

Chika nu stă niciodată multă vreme. Prima dată a apărut la opt luni după ce a murit, în dimineața înmormântării tatălui meu. Ieșisem afară să privesc cerul. Și, deodată, ea era acolo, lângă mine, ținându-se de balustrada terasei. I-am pronunțat numele, nevenindu-mi să cred.

– Chika?

S-a întors spre mine.

Mă auzea.

M-am pus pe sporovăit, crezând că e un vis și că ar putea dispărea în orice moment.

Asta mi s-a întâmplat atunci. Acum, când apare, stau calm.

– Bună dimineața, fetiță frumoasă, îi spun.

– Bună dimineaţa, nenea Mitch, răspunde ea, apoi se aşază pe jos sau pe scaunul ei mic, pe care nu l-am scos niciodată din biroul meu.

Cred că te obişnuieşti cu toate în viaţă. Chiar şi cu asta.

– De ce nu scrii? repetă Chika.

Lumea spune că ar trebui să aştept.

– Cine zice?

Prieteni. Colegi.

– De ce?

Nu ştiu.

Mint. Ştiu. *A trecut prea puţin timp. Durerea e prea proaspătă. Emoţiile sunt prea multe acum.* Poate au dreptate. Poate că atunci când scrii despre oamenii iubiţi eşti obligat să accepţi pentru totdeauna realitatea şi poate că eu nu vreau să accept această realitate, nu vreau să accept că am pierdut-o pe Chika şi că tot ce-mi rămâne sunt nişte cuvinte scrijelite pe hârtie.

– Nenea Mitch, ia uită-te!

Se rostogoleşte pe spate, când la stânga, când la dreapta.

– *The isby-bisby spider, went up a water spout...*[2]

Se spune *itsy-bitsy*. Aşa este corect.

– Nu-nuhhh, zice ea.

Are obrăjorii rotunzi, părul prins în multe codiţe împletite şi ţine gura ţuguiată de parcă ar vrea să fluiere. Arată exact ca atunci când am adus-o aici din

2 „Un mic păianjen buclucaş s-a căţărat pe un burlan...” (în original, în lb. engleză) (n. tr.)

Haiti; avea cinci ani și-i spuseserăm că va sta cu noi până când doctorii o vor face bine.

– Când...

Te...

Apuci...

De...

SCRIS?

De ce te neliniștește asta așa de mult? întreb.

– Din cauza lui, spune, indicând cu degetul.

Urmăresc cu privirea direcția spre care arată, dincolo de amintirile de pe vremea când era cu noi: fotografii, o sticlă de apă pentru copii cu dragonul roșu din *Mulan*, un calendar...

– Din cauza lui.

A calendarului? Mă uit la dată: 6 aprilie 2018.

Mâine, 7 aprilie, se face un an.

Un an de când ea ne-a părăsit.

De-asta ești așa? o întreb.

Își coboară privirea spre piciorușe.

– Nu vreau să mă uiți, murmură.

Oh, draga de tine, spun, nici nu e cu putință. N-ai cum să uiți pe cine iubești.

Își înclină capul de parcă aș ignora ceva evident.

– Ba poți, mă contrazice.

Într-o seară din primele luni de când stătea cu noi, îi citeam Chikăi *Ursulețul Winnie Puh. Căsuța din strada Puh.* Ce-i mai plăcea să-i citim! Se cuibărea la mine în brațe, își punea cartea pe genunchi și ținea pagina, ca să o întoarcă înainte să o termin.

Spre sfârșitul poveștii cu pricina, la plecare, Christopher Robin îi spune lui Puh:

– Promite-mi că n-o să mă uiți niciodată. Nici când o să am o sută de ani.

Dar ursulețul nu promise. Nu de la bun început. Însă întrebă de parcă ar fi vrut să știe el ce primește în schimb:

– Eu câți ani o să am atunci?

Mi-a amintit de orfelinatul nostru din Haiti, de cum îi întreabă copiii pe vizitatori, de îndată ce sosesc:

– Cât stai cu noi?

Ca și cum ar vrea să măsoare câtă afecțiune vor avea de „consumat". La un moment dat, fiecare dintre ei a fost lăsat la poartă, privind lung, cu ochii plini de lacrimi, în așteptarea cuiva care să se întoarcă să-l ia acasă. La fel a pățit și Chika. Persoana care a adus-o a plecat în aceeași zi. Deci poate asta vrea să spună. Că e posibil să-i uiți pe cei pe care-i iubești. Sau să nu te mai întorci după ei.

Mi-arunc din nou privirea spre calendar. Chiar e posibil să fi trecut deja un an fără ea? Mi se pare c-a fost ieri. Mi se pare că a trecut un secol.

Bine, Chika, spun. Mă pun pe scris.

– Ce bineee! chițăie ea de bucurie, dând din mâini.

Cu o condiție.

Mișcarea mâinilor încetează.

Trebuie să rămâi aici, cu mine, cât timp scriu. Trebuie să stai cu mine, da?

Ştiu că nu poate să facă ce-i cer. Dar îmi încerc norocul. E tot ce ne dorim, eu şi soţia mea, de când Chika ne-a părăsit: să fim tot timpul acolo unde este şi ea.

– Spune-mi povestea mea, zice Chika.

Dac-o fac, o să rămâi?

– Încerc.

Bine, zic. O să-ţi spun povestea despre tine şi despre mine.

– Noi, spune ea.

Noi, zic eu.

Tu

Cândva, mai demult, am ajuns în ţara unde trăiai tu, Chika. Nu eram acolo în ziua în care te-ai născut. Am sosit câteva săptămâni mai târziu, pentru că se întâmplase ceva teribil. Ceva care se numeşte *cutremur*. Un cutremur e atunci când...

Noi

– Nenea Mitch. Oprește-te.

Păi de ce?

– Nu vorbi așa.

Așa cum?

– De parcă aș fi un copil mic.

Dar ai doar șapte ani.

– Nuuuh.

Nu mai ai șapte ani?

Clatină din cap.

Câți ani ai?

Ridică din umeri.

Atunci ce trebuie să fac?

– Vorbește ca un om mare. Ca și cum ai vorbi cu miss Janine.

Ești sigură?

Îmi apucă încheieturile mâinilor și mi le ghidează înapoi pe tastatură. Simt căldura mânuțelor ei și senzația mă desfată. Aflasem deja că eu nu o pot atinge pe Chika, dar ea pe mine, da. Nu sunt sigur de ce. Nu înțeleg regulile. Dar sunt recunoscător pentru vizitele ei și tânjesc după cea mai mică atingere.

O iau de la capăt.

Tu

În ziua în care te-ai născut eu nu eram acolo, Chika. Am sosit în Haiti câteva săptămâni mai târziu, să dau o mână de ajutor; avusese loc un cutremur îngrozitor. Şi, pentru că mi-ai cerut să vorbesc ca adulţii, pot să spun că unda seismică a fost atât de puternică încât a şters de pe faţa pământului trei la sută din populaţia ţării tale. Clădirile s-au dărâmat. Birourile instituţiilor s-au prăbuşit. Casele care găzduiseră familii se transformaseră în ruine. Oamenii au murit îngropaţi în moloz, mulţi dintre ei au fost găsiţi abia după câteva săptămâni. Aveau pielea acoperită de praf gri. Numărul oficial al morţilor a rămas necunoscut până în ziua de azi, nu s-a făcut niciodată o numărătoare precisă, dar vorbim despre sute de mii de oameni. Asta înseamnă că, în mai puţin de un minut, au murit mai mulţi oameni decât în timpul Revoluţiei americane şi al Războiului din Golf la un loc.

A fost o tragedie pe o insulă căreia tragediile nu-i sunt deloc străine. Haiti, ţara ta natală, este a doua cea mai săracă naţiune din lume, cu o istorie plină de greutăţi şi mulţi morţi, cel mai adesea morţi premature.

Dar este şi un loc ce oferă o fericire incredibilă, Chika. Un loc plin de frumuseţe, de râsete, de credinţă neclintită şi de copii, copii care, pe ploaie torenţială, se iau de mâini şi dansează spontan, apoi se aruncă la pământ, în delir, de parcă n-ar şti ce să facă cu toată acea bucurie. Pe vremuri, şi tu erai la fel de fericită, chiar dacă erai foarte săracă.

Povestea naşterii tale mi-a fost spusă aşa: ai venit pe lume pe 9 ianuarie 2010, într-o casă din bolţari lângă care se afla un arbore de pâine. Nu a fost prezent niciun doctor. O moaşă pe nume Albert te-a scos din pântecele mamei tale. Din câte ştiu, ai fost sănătoasă la naştere: plângeai când trebuia să plângi, dormeai când trebuia să dormi.

Aveai doar trei zile pe 12 ianuarie şi dormeai la pieptul mamei tale când lumea s-a cutremurat de parcă ieşeau tunete din pământ. Casa ta din bolţari s-a clătinat, acoperişul a căzut şi structura s-a despicat în două ca o nucă, lăsându-vă sub cerul liber pe tine şi pe mama ta.

Cred că Dumnezeu şi-a coborât privirea binecuvântată spre tine, Chika, pentru că nu te-a luat la El în ziua aceea, şi nici pe mama ta n-a luat-o, deşi a luat multe alte vieţi. Casa ta fusese distrusă, dar voi două eraţi neatinse. Sub cerul liber, dar neatinse. În jurul vostru oamenii alergau şi cădeau, şi se rugau, şi plângeau. Copacii zăceau prăbuşiţi. Toate animalele se ascunseseră.

În acea noapte ai dormit în câmpul de trestie-de-zahăr, pe un pat de frunze sub cerul plin de stele, şi-aveai să dormi acolo multe alte nopţi. Eşti zămislită din pământul patriei tale, Chika, atât de tumultuos şi atât de frumos, şi poate de aceea erai şi tu uneori aşa de tumultoasă şi de frumoasă.

Eşti haitiană. Deşi ai trăit şi ai murit în America, ai aparţinut întotdeauna altui loc, ca şi acum, când stai aici cu mine.

Noi

– Aşa e mai bine, spune Chika, întinsă pe spate.

Bine, îi răspund.

– Nenea Mitch?

Da.

– Ştiu despre *tranbleman tè*[3].

Cutremurul.

– A fost urât.

A fost, da.

– Nenea Mitch?

Da.

– Trebuie să-ţi zic ceva.

Ce?

– Nu mai pot să stau.

Se uită la mine cu ochii mari şi jur, i-aş fi putut vedea şi de la un kilometru distanţă. Se spune că ochii copiilor se formează deja complet în jurul vârstei de trei ani, de aceea par atât de mari pe feţele lor. Sau poate pentru că la vârsta aceea totul îi uimeşte.

Pot să continui? întreb. Pentru moment?

---

[3] În original, în limba creolă. (n. tr.)

Îşi ţuguie buzele şi-şi scutură capul, de parcă tocmai ar fi gustat dintr-o lămâie. Mereu făcea aşa când încă era aici, cu noi, de parcă fiecare gând trebuia bine cântărit.

– Continuă, decide.

Tu

O dată, noaptea târziu, eu şi miss Janine ne-am ghemuit lângă patul tău şi tu ne-ai întrebat încetişor:

– Cum m-aţi găsit?

Mi s-a părut o întrebare atât de tristă, încât n-am putut să fac altceva decât s-o repet.

– Cum te-am găsit?

Iar tu ai spus:

– Da.

Şi noi am răspuns:

– Vrei să zici cum ai venit la noi?

Şi tu ai spus da, din nou.

Cred că tu ai formulat corect întrebarea; viaţa dinainte de orfelinat era o amintire vagă în mintea ta, ca şi cum te-ai fi aflat într-o pădure acoperită de ceaţă. Prin urmare, avea sens să ne întrebi cum ai fost *găsită*, pentru că, probabil, asta ai simţit. Numai că tu n-ai fost niciodată rătăcită, Chika. Vreau să ştii asta.

Înainte să te iubim noi, au fost şi alţi oameni care te-au iubit. Din câte ni s-a spus, mama ta, Resilia, era o femeie puternică, înaltă, cu o faţă lungă şi o expresie aspră, aşa cum faci şi tu uneori, când nu-ţi ies lucrurile cum vrei. Era fiica unui fermier din portul Aux Cayes care cultiva cartofi dulci; avea şaptesprezece ani când s-a mutat în Port-au-Prince. Îi plăcea să citească şi să mănânce peşte şi vindea tot felul de lucruri mărunte pe stradă pentru a câştiga bani. Avea o prietenă pe nume Herzulia; obişnuiau să se plimbe împreună şi să râdă pe seama bărbaţilor... În cele din urmă, mama ta şi-a găsit un bărbat doar al ei, mai în vârstă, cu ochi trişti. Îl chema Fedner pe numele mic, iar numele său de familie era Jeune, care este şi numele tău. *Jeune* înseamnă „tânăr" în franceză, aşa că ţi se potriveşte.

Mama ta şi Fedner au avut două fete înainte de tine, surorile tale mai mari, iar când mama ta a rămas însărcinată cu tine, i-a spus Herzuliei că tu vei fi ultimul ei copil. Ţi-au ales împreună un nume foarte rafinat, Medjerda, deşi, foarte curând, toată lumea avea să-ţi spună Chika. Unii spun că porecla ţi s-a tras din faptul că erai cam bondoacă. Alţii spun că era un nume de alint. Dar nu prea contează. Toţi avem nume care ni se dau şi nume care se lipsesc de noi, iar al tău este Chika. Şi dacă mama ta ar fi avut dreptate, dacă tu ai fi fost ultimul ei copil, atunci poate că ea ar fi fost încă în viaţă, iar eu nu te-aş fi întâlnit niciodată.

Dar ea şi Fedner au mai avut un copil după tine, doi ani mai târziu, un băiat. A venit pe lume în cea mai fierbinte lună a anului, în august, în zori, înainte ca soarele să se ridice pe cer. Albert, moaşa, a fost din nou acolo, dar, de data aceasta, ceva n-a mers cum trebuia.

Noul tău frăţior a trăit.

Dar mama ta a murit.

Ştiu că nu are niciun sens ca viaţa şi moartea să se întâlnească în acelaşi pat, Chika, dar aşa s-au întâmplat lucrurile. Aveai să-ţi revezi familia biologică după o lungă perioadă. După înmormântare, Herzulia te-a luat la ea. Spunea că mama ta o alesese să-ți fie nașă și că insistase:

– Dacă e să mor, trebuie să o iei pe Chika.

Și așa a făcut. Tatăl tău nu s-a opus. Nu a păstrat niciunul dintre copii. Poate că moartea mamei tale l-a zguduit prea tare și nu a știut, pur și simplu, ce să facă.

Oricum, sora ta cea mare, Muriel, s-a dus la o mătușă, cealaltă soră, Mirlanda, a ajuns la niște prieteni de familie, fratele tău cel mic, Moïse, al cărui omonim biblic a fost crescut de o prințesă din Egipt, s-a dus la fratele mamei tale, într-un apartament mic pe care acesta îl împărțea cu soția sa.

Pe tine te-a luat Herzulia, o femeie puternică și mică de statură, cu un firicel de voce, care o iubise foarte mult pe mama ta și care a plâns neîncetat în ziua înmormântării. Te-a luat pe tine și două rânduri de hăinuțe de-ale tale și în acea după-amiază ați plecat amândouă cu un autobuz *taptap* haitian[4].

Hăinuțele acelea erau tot ce îți rămăsese de acasă de la tine, Chika. Nu e mult, știu. Pot doar să spun că Dumnezeu a fost milostiv, pentru că ți-a șters amintirea acelor zile. Mama ta a fost îngropată într-un mormânt mare, cu alți oameni, și nu există nicio piatră funerară, niciun loc cu numele ei pe care să îl poți vizita sau unde să te poți ruga; dar te poți ruga

---

[4] Vehiculele *tap-tap* servesc drept transport public în Haiti. Acestea sunt private, operează pe rute fixe și pornesc la drum numai când sunt pline. Tap-tap-urile sunt decorate în culori vii și strălucitoare, cu imagini reprezentând scene biblice, vedete de televiziune sau fotbaliști celebri. Numele de „tap-tap" (cioc-cioc) provine de la sunetul pe care îl scoate caroseria când pasagerii bat în ea, indicând că vor să coboare. (n.tr)

mereu, oriunde ai fi, ştii asta din învăţăturile pe care le-ai primit.

Nu ai stat mult nici în a doua ta casă. Mai puţin de un an. Era o garsonieră într-un bloc construit din bolţari, pe care o împărţeai cu Herzulia şi familia ei. Nu aveaţi baie. Noaptea, când era pană de curent, se făcea întuneric beznă; dimineaţa cărai aşternuturi murdare sus pe scări, până pe acoperiş, o treabă foarte grea pentru un copilaş care nu împlinise nici trei ani. O femeie te-a văzut făcând asta şi s-a îngrijorat pentru siguranţa ta. I-a sugerat Herzuliei că probabil ţi-ar fi mai bine într-un orfelinat. Ştia ea unul, nu departe, în cartierul cunoscut ca Delmas 33.

Era orfelinatul pe care îl administram eu încă din 2010, anul când avusese loc cutremurul, locul pe care tu îl numeai *misyon an*, „misiunea", adică Have Faith Haiti Mission[5], o bucată dreptunghiulară de pământ cu porţi gri, de pe Rue Anne Laramie, o stradă plină de gropi care se transformă în lacuri ori de câte ori plouă.

Şi astfel, Chika, Providenţa ne-a adus împreună, unindu-ne vieţile, sau poate ar trebui să spun continuându-le, dat fiind că lui Dumnezeu nu-i vin idei aşa, într-un anumit punct al vieţii unei persoane.

Îţi aduci aminte când ne-am întâlnit? Îmi spui uneori că da, dar eu mă mir, pentru că erai aşa de micuţă pe atunci, aveai doar trei ani. Aveai clame şi panglici în păr şi erai îmbrăcată cu o rochiţă roz pe care ţi-o alesese Herzulia. Haitienii care vin la noi îşi gătesc

[5] Misiunea *Nu Pierde Credinţa* din Haiti. (n. tr.)

copiii pentru că aşa, consideră ei, au mai multe şanse să fie acceptaţi. Ceea ce, bineînţeles, nu e adevărat. Uneori pare complet nepotrivit să-i îmbraci frumos pe copiii care vin la poarta noastră, mai ales din pricina sărăciei. Poate că e vorba de mândrie, ceea ce trebuie respectat, mai ales într-o ţară străină, pentru că nu poţi înţelege asta niciodată pe deplin, ceea ce, în Haiti, mie unul mi s-a întâmplat foarte des.

Sincer să fiu, Chika, în primii mei ani acolo nu prea am priceput mare lucru despre Haiti, nici despre orfelinat, nici despre cum trebuia să fac ca acel loc să funcţioneze. În fiecare zi era câte o pană de curent, rămâneam fără apă, primeam orezul şi bulgurul când da, când ba şi nu aveam niciodată medicamente suficiente. Oamenii care trebuiau să facă reparaţii spuneau că erau pe drum, dar nu apăreau. Toate actele, de la chitanţe la documente guvernamentale, erau scrise de mână. Eram un scriitor care trăia în Detroit şi, deşi mai supervizasem nişte operaţiuni caritabile în America, în Haiti mă simţeam deseori precum cineva care încearca să citească instrucţiuni de instalare într-o altă limbă.

În plus, eu şi miss Janine nu aveam copii. Prin urmare, în ciuda entuziasmului, eram complet lipsiţi de experienţă în ceea ce priveşte copiii. Mi se încurcau degetele în fermoare şi năsturaşi. Mă apuca panica ori de câte ori un copilaş vomita. Nu ştiam cum să le povestesc băieţilor despre chestiunile legate de pubertate.

Ştiam însă un lucru: când erau aduşi copii la poarta noastră, trebuia să văd dincolo de aparenţe, pentru că erau atât de mulţi şi aveau atât de multă nevoie... dar, chiar şi în prezent, pentru fiecare copil căruia îi spunem da, există alţi zece cărora suntem obligați să le spunem nu. Majoritatea haitienilor trăiesc cu mai puțin de doi dolari pe zi, mulți nu au curent, nici apă potabilă și folosesc cărbune pentru gătit. La fiecare mie de copii născuți, optzeci mor înainte de a împlini cinci ani.

Să-ți ții copiii în siguranță și hrăniți este o prioritate disperată pentru mulți haitieni, Chika. Iar un loc precum misiunea noastră le poate oferi această speranță. Poate tocmai de aceea vin atât de mulți la noi. Iar când o fac, eu sunt obligat să pun întrebări ca de exemplu: Cum trăiesc copiii? Ce mănâncă? Ce condiții cumplite îi aduc la noi?

Trebuie să știi că uneori, când pun aceste întrebări, adulții izbucnesc în plâns. O dată a venit la noi o fată de vreo douăzeci de ani. Avea burta atât de mare, încât am crezut că va naște la noi în birou. Avea un fiu, de vreo patru ani, care stătea în picioare lângă ea, și un bebeluș în brațe. Ne-a implorat să-i luăm pe amândoi, pentru că nu avea bani, nu avea de muncă, nu avea casă și nici cum să-i hrănească. Când am întrebat-o cum va putea avea grijă de copilul pe care îl purta în pântece, a strigat: *Ou mèt pran li tou*, îl puteți lua și pe ăsta.

Nu era lipsită de inimă. Cred că își iubea copiii. Atât de mult încât își dorea o viață mai sigură pentru ei, chiar dacă asta însemna că nu-i mai putea vedea în fiecare zi. Este nevoie de un anumit fel de putere pentru a avea grijă de un copil, Chika, și de o cu totul altă putere pentru a recunoaște că nu poți.

Poate că asta a simțit Herzulia când te-a adus la noi. A spus că are trei copii ai ei și niciun ban. În timp ce vorbeam, tu ne priveai tăcută; din când în când, Herzulia îți netezea rochița.

Iată ce-mi amintesc cel mai bine. După o vreme, tu ți-ai încrucișat brațele, ca și cum ți-ai fi pierdut răbdarea, iar eu m-am uitat la tine și tu m-ai privit drept în ochi, am scos limba la tine și tu la mine, și am râs, iar atunci ai râs și tu.

Când sunt aduși la misiunea noastră, cei mai mulți copii sunt timizi și nervoși și-și mută privirea dacă le-o cauți. Dar tu m-ai privit drept în ochi de la bun început.

Și, chiar dacă știam foarte puține despre tine, Chika, puteam spune că erai curajoasă și am știut că lucrul acesta te va ajuta în viață.

Dar habar n-aveam cât de mult.

Noi

– Nenea Mitch, stai.

Da.

– Am o întrebare.

Bine.

Își pune mâinile pe biroul meu și se-mpinge în el.

– Am plâns când am venit la misiune?

Nu.

– Eram supărată?

Nu cred. De ce să fi fost supărată?

– Pentru că eram atât de micuță! spune pe un ton afectat, de parcă era mai mult decât evident. Și a trebuit să plec!

Te supără asta acum?

– Nu.

Privește în altă parte.

– Acum nu mă mai supăr.

Mă întristează să o aud spunând asta, pentru că temperamentul ei era trăsătura pentru care o iubeam cel mai mult. Obișnuia să-și încrucișeze brațele, să ne întoarcă spatele și să-și afunde bărbia în piept. Dacă mă așezam în dreapta ei, se întorcea spre stânga, dacă mă aşezam în stânga ei, se întorcea spre dreapta. Când mă aşezam pe vine în faţa ei şi o apucam de umeri, trebuia să mă abţin să nu râd. Ce se mai încrunta la mine! Deşi era doar un copil, Chika îşi perfecţionase expresia astfel încât să arate ca un om de vârstă mijlocie la coadă la bancă.

Eşti mai fericită acum, că nu te mai superi? o întreb.

– Uneori îmi lipseşte.

Când?

– Ca atunci când eu ridicam vocea, iar tu şi miss Janine îmi spuneaţi că nu e frumos să ridicăm vocea unul la celălalt.

Păi asta îţi lipseşte ţie, să te superi?

– N-am zis că mi-e dor să fiu supărătăăă, tărăgănează ea. Mi-e dor să-mi zici tu să nu mai fiu.

Mă opresc şi înghit în sec, aşa cum mi se întâmpla adesea când Chika încă trăia şi înțelepciunea ei mă lua prin surprindere.

– Nenea Mitch?

Da.

– Eram copilul tău preferat acolo, în Haiti?

Întrebarea mă face să zâmbesc. Adevărul este că, încă din ziua în care am primit-o, Chika a fost ca o vâlvătaie; aproape imediat a început să le dea ordine celorlalţi copii, ca un sergent la instrucţie, chiar şi celor mai mari, indicându-le cine trebuia să plece primul la cursele de ştafetă, cu ce păpuşă să se joace, unde să se alinieze ca să stea la coadă la baie. Avea vocea puternică şi era căpoasă. Ba mai mult, am impresia că celor mai timizi le era frică de ea. Mi-ar plăcea să ştiu de unde venea bravura ei, ce se întâmplase înainte să ne cunoască, de o făcuse așa de îndrăzneață? Tot ce știu este că, dacă mă uit la fotografiile din acele prime zile, cel mai adesea Chika apare cu o mână înfiptă în șold și un deget întins acuzator. Parcă o și aud:

– Nu, nu, nu.

Toți sunteți preferații mei, îi spun acum.

– Asta zici mereu.

Pentru că așa este.

Se întoarce pe burtă și, dintr-odată, are o păpușă. Nu știu de unde a apărut. E un fel de prințesă, cu o rochie albastră, părul negru și o diademă. Îi ridică brațele, așa că păpușa se întinde spre cer.

– Nenea Mitch?

Hmm?

– Tu de ce nu ai făcut copii?

Mă opresc.

Cum adică?

– Ai spus că oamenii îți aduceau copiii lor, dar tu și miss Janine nu ați avut copii.

Scriu povestea ta, Chika. Ce legătură are asta cu povestea ta?

Pleoapele i se deschid ca o scoică. Știe foarte bine că are legătură cu povestea ei, și încă cum!

Eu

Ei bine... De acord. Răspunsul adevărat este: din egoism. Ştiu că ţi-am spus mereu că nu e bine să fii egoist, Chika, dar asta nu înseamnă că eu nu am fost niciodată. Am fost. Adesea. Mai ales când eram mai tânăr şi mai ales cu timpul meu. Credeam că voi avea mereu timp, că nu se va sfârşi niciodată. Credeam că a avea o familie e ca şi cum ţi-ai lua un covor pe care îl ţii în debara până când eşti pregătit să-l întinzi pe jos. Din cauza asta, la început, când îmi făceam o iubită, dacă vorbea prea mult despre copii, puneam capăt relaţiei. M-am concentrat pe muncă, pe sport şi am acceptat fiecare proiect care mi-a fost propus. Singura mea relaţie de lungă durată, înainte de miss Janine, a atins nivelul „inel de logodnă", dar tipa s-a răzgândit şi a plecat brusc să se mărite cu altul, iar după câteva luni în care am suferit şi am trăit în confuzie, mi-am spus că poate a fost mai bine aşa.

Între douăzeci şi treizeci de ani am urmărit doar succesul profesional; apoi am întâlnit-o pe miss Janine. Şi, deşi m-am îndrăgostit profund de ea, am ezitat. Era frumoasă şi răbdătoare şi vedea ce e mai bun în mine, chiar şi când nu meritam. Dar când a venit vorba despre căsătorie, o parte din mine şi-a amintit ce se întâmplase înainte şi m-a făcut să mă întreb: „Eşti sigur? Dacă ţi-e destinat altceva?" Abia acum îmi dau seama că era un mod de a o ţine lângă mine pe miss Janine fără să-mi iau angajamente pentru viitor. Am fost egoist, Chika, şi a trecut mult timp până când mi-am dat seama cât de norocos sunt că o am.

Ne-am căsătorit la şapte ani după ce ne-am cunoscut; ne apropiam de patruzeci de ani. Cu toate acestea, chiar şi după nuntă, am tras de timp, nu am vrut să ne întemeiem o familie; consideram că, pentru o vreme, trebuia să ne bucurăm de faptul că eram căsătoriţi, fără să ne grăbim. Curând, ne-am pomenit că nu mai aveam timp; am început să mergem la doctori, să încercăm tot felul de lucruri pentru a reuşi să facem copii. Dar nu a funcţionat şi anii au trecut... La scurt timp, toate tratamentele au devenit inutile, chiar dăunătoare.

Aşa că a trebuit să ne mulţumim cu alte roluri: de mătuşă şi unchi. În total, eu şi ea avem şapte fraţi şi surori, care ne-au dat cincisprezece nepoţi. Le-am fost dădace. Ne-am jucat cu ei. Mergeam la serbările nepoatelor şi nepoţilor noştri, îi scoteam în oraş şi îi luam cu noi în vacanţă. În Ajunul Crăciunului, când se reunea familia, le duceam cadouri tuturor copiilor.

Dar în dimineaţa de Crăciun ne trezeam într-o casă tăcută şi uneori o găseam pe miss Janine plângând în dormitorul nostru. Nu este nimic greşit în a nu avea copii dacă nu doreşti, Chika, dar absenţa lor poate fi dureroasă. Era vina mea. Şi încă mă doare. Există multe feluri de egoism pe lume, dar cel mai egoist dintre toate este să-ţi baţi joc de timpul pe care-l ai, pentru că niciunul dintre noi nu ştie exact cât îi este dat; este un afront la adresa lui Dumnezeu să crezi că timpul tău nu este limitat.

Noi

– Nenea Mitch?

Da.

– I-ai spus lui miss Janine că-ți pare rău?

De multe ori.

– Și ea ți-a zis că te iartă?

Așa și așa.

– Pentru că te-ai învățat minte?

Cum adică?

– Asta îmi zicea mie miss Janine: „Chika, te-ai învățat minte?” Și dacă răspundeam că da, ea îmi spunea: „Atunci te iert. Atât timp cât ți-ai învățat lecția”.

Imită vocea soției mele.

– „Foarte bine, Chika. Te iubesc, Chika.”

Chikăi îi place să pronunțe *Chika*.

Bănuiesc că da, mi-am învățat lecția, spun. Și încă învăț altele noi.

– Dar tu nu ești la școală!

Nu lecții precum cele de la școală, Chika. Lecții despre lume și despre cum trebuie să te comporți. Și tu m-ai învățat unele lecții.

– Eu?

Pare sincer surprinsă. Îşi pune palmele pe obrajii mei. Căldura degetelor sale îmi desface un nod din capul pieptului şi, chiar dacă ştiu că nu ar trebui, îmi scapă întrebarea: *Cum de eşti aici?*

Pentru o clipă, pare foarte serioasă. Apoi îşi trece degetele peste buze şi face *bduhbduhbduh* la mine. Râde şi-mi dă drumul. Căldura dispare.

– Îmi dai o foaie de hârtie? zice ea.

Îi dau un caiet cu pagini galbene.

– Îmi dai şi ceva cu care să desenez?

Îi întind o cariocă.

– Nenea Mitch? Chiar te-am învăţat eu pe tine ceva? Zi-mi.

Da. M-ai învăţat multe lucruri.

– Atunci, poftim!

Trânteşte caietul şi carioca pe biroul meu. Ridică tonul.

– Acum eu sunt învăţătoarea! Scrie ce te-am învăţat! Şi nu te opri, spune ea, dând din degeţel la mine, până nu ai terminat!

De ce?

– Pentru că aşa voi putea rămâne.

Stai, zic eu. Pentru totdeauna?

Dar deja plecase.

Doi

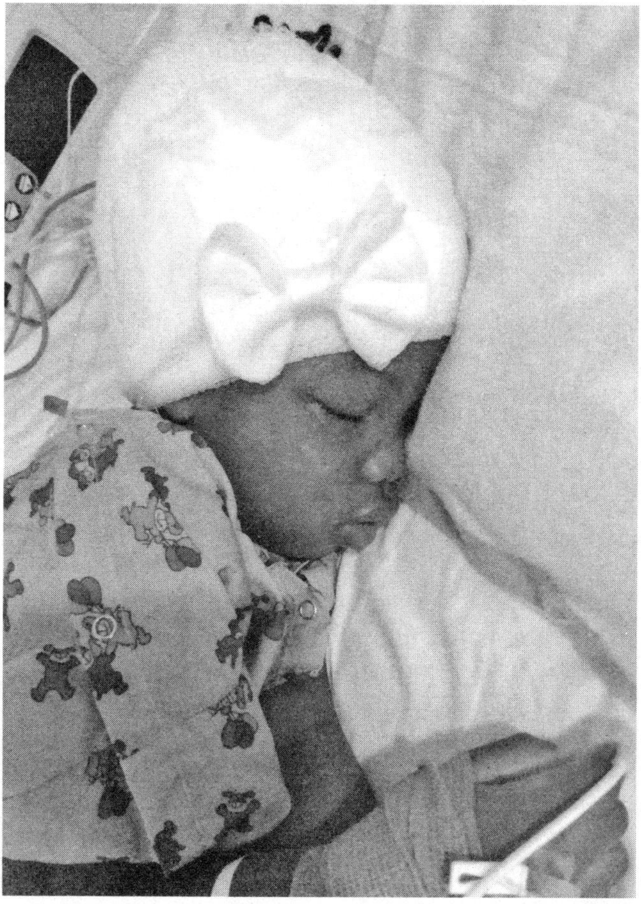

Suntem în august, 2013. Lucrez la orfelinat de trei ani. Avem apă potabilă, alimente sănătoase şi mulţi copii noi. Şi, cu toate că Haiti continuă să rămână un mister pentru mine, faptul că vin aici lună de lună a transformat anumite lucruri în rutină.

Aterizez pe aeroportul Port-au-Prince, trec de Control Paşapoarte şi apoi pe lângă o mică orchestră haitiană care intonează muzică de bun venit. Cobor scara rulanta, care, cel mai adesea, nu funcţionează.

Alain Charles, directorul nostru haitian, mă aşteaptă la baza scării. Are relaţii care îi permit accesul până aici. (Deja îi cunoaşte pe aproape toţi angajaţii din aeroport.) Ne recuperăm valizele şi apoi trecem dincolo de uşi. E ca şi cum ai intra într-un furnal. Bărbaţi îmbrăcaţi în cămăşi, transpiraţi, îmi trag bagajele strigând „Bună ziua, domnu'!... Vă ajut eu, domnu'!" Făcându-ne loc cu greu prin mulţime, ajungem la maşină.

Drumul pe care-l parcurgem străbate un peisaj dominat de grămezi de moloz încă vizibile de la cutremurul de acum trei ani, munţi de gunoaie, unele arzând. O capră rătăcită. Un câine slab. Gropi care ar putea înghiţi un vehicul întreg. Apoi, în sfârşit, claxonăm şi un paznic ne deschide poarta de la orfelinat. Trecem pe lângă el, salutându-l cu un alt claxon răguşit.

Deschid portiera maşinii şi lumea întreagă se schimbă.

Urechile mi se umplu de cel mai minunat sunet, strigăte de copii care aleargă să mă întâmpine. În fruntea lor se află cea mai nouă membră a noastră,

Chika Jeune; e aici doar de câteva săptămâni. Toţi strigă „Nenea Mitch!", dar ea încă nu mă cunoaşte. Cu toate astea, pare hotărâtă să ajungă prima. Copiii mă apucă de picioare, de mijloc, dar ea îşi ridică mâinile spre mine. O iau în braţe. Rămân adesea uimit de faptul că un copil n-are nevoie să ştie prea multe despre tine ca să vrea îmbrăţişarea ta.

– Şi tu ce mai faci, Chika Jeune?

Nu răspunde. Nu vorbeşte engleză.

– Sak pase?

Fac o încercare şi-i spun pe limba ei ceva ce ar trebui să însemne „ce mai faci?". Îmi zâmbeşte, mă ia de gât şi-şi îngroapă capul în mine.

– Nu-i problemă, îi spun, cu timpul o să înveţi să vorbeşti.

Noi

Chika mă vizitează din nou abia în mai. Aniversarea morții ei vine și apoi trece; primim apeluri, scrisori și e-mailuri de încurajare de la oamenii dragi, dar Chika nu apare. În fiecare dimineață mă duc jos, la mine în birou, mă așez la computer și o aștept, uitându-mă la filmulețe vechi cu ea. Dar nu vine.

Uneori iau carioca pe care mi-a lăsat-o și trag aproape caietul, bătând în el cu vârful acoperit de capac. Ce m-a învățat... Nici nu știu de unde să încep. Mă tot gândesc la ce mi-a spus, că ar rămâne pentru totdeauna dacă aș îndeplini ce mi-a cerut. Mi-e greu să ignor tentația, cu toate că știu că este imposibil. Poate că trebuie să scriu despre ea, despre mine și despre noi. Poate că asta trebuie să fac.

Și, pentru că Chikăi i-au plăcut numerele, voi da un număr fiecărei lecții pe care am învățat-o de la ea. Aș putea enumera sute de lecții. O să mă opresc la șapte.

A murit la a șaptea.

Avea șapte ani.

O aștept să se întoarcă.

Într-o dimineață ploioasă de luni, Chika reapare, în sfârșit. Stă pe marginea biroului, cu picioarele ei mici atârnând. Mă simt ușurat să o văd, dar mă limitez la a spune „bună dimineața, fată frumoasă", așa cum făceam în fiecare dimineață pe când trăia.

– Bună dimineața, nenea Mitch.

Are vocea răgușită, de parcă abia s-a trezit. Se dă jos și începe să scotocească după listă.

Mi-a fost dor de tine, Chika.

Nu-mi răspunde, dar se vede că e mulțumită. Eu și Janine îi spuneam adesea Chikăi „mi-e dor de tine" sau „te iubesc". Dar ea nu răspundea. Însă înclina ușurel capul, ca și cum ar fi privit cuvintele plutind spre ea și le absorbea ca razele de soare de pe chipul ei.

– Nenea Mitch, ai scris ceva?

Da.

Îi întind caietul galben, ea se apleacă să citească mai bine. Primul rând spune așa: „Sunt aici să te protejez".

– Ce înseamnă asta? zice ea.

Înseamnă să ai grijă de cineva, Chika. Să aperi de pericole. Știi cuvântul. *Protecție.*

– Ca leul Aslan? întreabă ea.

Se referă la *Cronicile din Narnia*. Metaforic, Aslan reprezintă figura lui Iisus. Ceea ce mă depășește.

Într-un fel, răspund eu. Fac o listă cu ce m-ai învățat. Iar acesta este primul lucru important: protecție.

Își încrucișează brațele.

– Nu înțeleg, spune.

Prima lecție

SUNT AICI SĂ TE PROTEJEZ

Păi, hai s-o lămurim. Ți-aduci aminte atunci, la misiune, când te-ai dat cu leagănul atât de sus, încât aproape ai zburat din scaun, iar eu te-am prins și apoi am încetinit leagănul? Sau când am mers la ocean și te-am ținut de subsuori ca să nu intri cu capul sub apă?

Acesta este un fel de a proteja, Chika. Poate că ție ți s-a părut firesc ca un adult să intervină pentru a împiedica să se întâmple ceva urât. Dar pentru mine era ceva nou. Înainte să ajung în Haiti, o protejam pe miss Janine, îmi protejam cariera și mă protejam pe mine. Aveam grijă de sănătatea noastră. De banii noștri. Îmi protejam cărțile și reputația profesională. Ți-am spus că eram egoist, dar nu despre asta vorbesc acum. Nu avea nimeni nevoie de mine. Nu ca atunci când un nou-născut plânge, iar mama și tatăl său își dau seama că are nevoie de ei și că restul lucrurilor trebuie date la o parte.

Eu și miss Janine nu am trecut niciodată prin asta, nu cu tine, nici cu ceilalți copii de la orfelinat, indiferent cât de mult îi iubim. Nu am fost noi cei care v-am luat în brațe când, lipicioși, ați venit pe lume, nici nu am fost acolo când ați făcut primii pași; nu am împachetat pungi de scutece și biscuiți în formă de animale când plecam de acasă.

De fapt, pe cei mai mulţi dintre voi vă ştim de când mergeaţi şi vorbeaţi deja, după ce trecuserăţi, în multe cazuri, prin greutăţi incredibile: unul dintre fraţii tăi de la misiune a fost abandonat în pădure când era doar un bebeluş. Alţii şi-au pierdut părinţii în urma unui cutremur sau uragan, aşa cum li s-a întâmplat celor patru surori ale tale venite din oraşul Jérémie. Unii dintre ei trăiau de luni întregi sub dărâmăturile caselor lor.

Nu i-am putut proteja de acele lucruri. Dar am decis să-i protejez de toate celelalte, la fel cum am hotărât să te protejez pe tine. Am fost obligat să mă gândesc la lucruri la care nu mă mai gândisem niciodată, cum ar fi cât de alunecoase pot fi podelele, sau ce gropi erau pe terenul unde copiii se jucau fotbal, sau cum să ascund la timp jucării mici care puteau fi înghiţite, sau la containerele de combustibil diesel pentru generator, care puteau ajunge în mâini tinere şi incapabile să înţeleagă pericolul.

În primele luni am crezut că, făcând un efort în plus, v-aş fi putut feri de orice. Dar parcă aş fi intrat într-un viespar - cu cât mă agitam mai tare să vă apăr de pericole, cu atât apăreau mai multe. Cu cât acceptam mai mulţi copii în clădirea noastră (care nu era încă rezistentă la seisme), cu atât mai mult mă îngrijoram în legătură cu etajul (dacă va cădea cineva?) sau cu rezervoarele noastre de apă (dacă ajunge ceva otrăvitor în ele?). Era copleşitor. Treptat, a trebuit să accept că nu puteam controla totul, indiferent cât de repede îmi zbura privirea în toate părţile. Era greu. Nu-mi place să mă simt vulnerabil, Chika, sau să mă bazez pe Dumnezeu să aibă grijă de toate, chiar dacă în Haiti mulţi dintre cei din jurul meu trăiau liniştiţi, cu nădejdea în El. Să-i protejez pe copiii noştri de la misiune a devenit cea mai importantă, dar şi cea mai apăsătoare prioritate din viaţa mea.

Dar pentru că eraţi aşa de mici, m-am gândit mai mult la accidente şi la ghinioane decât la sănătate pe termen lung.

Apoi, într-o zi, când mă întorsesem în Michigan, m-a sunat domnul Alain.

– Domnule, e ceva în neregulă cu Chika.

– Ce s-a întâmplat? am întrebat.

– Faţa ei. I s-a schimonosit. Şi merge ciudat.

– Ai dus-o la doctor?

– Da, domnule.

– Şi ce i-a făcut?

– I-a dat picături de ochi.

– Alain, n-are nimic la ochi. Puteţi găsi un neurolog?

– Adică?

– Un doctor de cap.

– O să găsesc unul.

Mi-amintesc că am închis telefonul tulburat de o presimţire rea, ca tunetele în după-amiezile haitiene care anunţă ploi torenţiale. Nu mai avuseserăm niciodată nevoie de un neurolog, Chika. De un dermatolog, da. Un dentist, desigur. Medicamente pentru tuse, diaree, paracetamol pentru copii. Dar un neurolog?

„Cât de grav este ce se întâmplă?", m-am întrebat.

Când am găsit în cele din urmă neurologul, acesta a remarcat că gura şi ochiul tău stâng erau lăsate şi că mergeai uşor împleticit. A cerut un RMN. La momentul respectiv, în Haiti exista un singur aparat RMN şi consultaţia costa 750 de dolari.

Domnul Alain te-a dus acolo. Aţi plecat înainte de răsăritul soarelui. Şase ore mai târziu, o asistentă medicală ţi-a pronunţat, în sfârşit, numele. Ţi-a dat să bei un sirop care te-a adormit. Apoi ai fost vârâtă într-un cilindru mare, care genera unde radio şi un câmp magnetic în jurul capului tău. Rezultatele erau imagini care arătau ce era înăuntrul tău.

Chika, dacă m-ar fi întrebat pe mine, aş fi spus că pe dinăuntru erai caldă, şi curioasă, şi plină de încredere, şi amuzantă, dar analiza RMN a fost una clinică:

„Copilul prezintă o tumoare pe creier. Nu putem spune cu precizie ce fel de tumoare, dar, despre orice ar fi vorba, în Haiti nu o poate ajuta nimeni."

Când am citit aceste rânduri tot ce ştiam despre *protecţie* s-a schimbat.

Noi

– Nenea Mitch?

Da.

– Băutura a fost dulce.

Ce băutură?

– Băutura pe care mi-a dat-o asistenta, care m-a făcut să-mi fie somn.

De aceea a trebuit să o bei.

– Dar m-am trezit.

– În aparat?

– Da. Am început să plâng.

Te-ai trezit când erai în aparatul de RMN? Și ce s-a întâmplat?

– Mi-au dat iar să beau. Și am adormit la loc.

Clatin din cap. Este o nebunie să compari sistemul medical din Statele Unite cu cel din Haiti. Provocările pentru medici și asistente medicale sunt aproape inimaginabile, sărăcia, malnutriția, lipsa de acces a copiilor la asistență medicală sau educație... Cu toate astea, mi-amintesc cât de mult m-a surprins franchețea raportului RMN al Chikăi: *Dar, despre orice ar fi vorba, în Haiti nu o poate ajuta nimeni.* Nu suna a diagnostic, suna a neputință.

– Nenea Mitch?

Da.

Se lipeşte de piciorul meu. Instinctiv, mă aplec să-i ating umerii, dar degetele îmi trec direct prin ea. Regulile de interacţiune. Mereu uit.

– Povesteşte-mi despre sosirea mea în America, spune ea.

Tu

Bine. Iată ce-mi amintesc. Tu ai fost primul copil pe care l-am adus vreodată în această țară, iar în ziua plecării tale, ceilalți copii de la misiune s-au aliniat să te îmbrățișeze. Ți-au făcut cu mâna în timp ce mașina ieșea pe poartă. Cred că unii dintre ei au crezut că nu te vor mai revedea.

Însoțită de domnul Alain, ai mers cu avionul până la Miami și de acolo la Detroit; purtai un pulover alb, deși era iunie. Când ai intrat prima dată într-o baie din America, ai deschis robinetul și ți-ai retras ca arsă mânuțele. Nu mai simțiseși niciodată apă caldă la chiuvetă. Așa că America a devenit pentru tine Țara Minunilor încă dinainte de a-ți petrece prima noapte aici.

Eu și miss Janine te așteptam acasă; miss Janine pregătise pături colorate și păpuși, ca să te simți bine-venită. Pe-atunci speram că doctorii îți vor pune repede diagnosticul și că te vei vindeca văzând cu ochii. Și că apoi te puteai întoarce în Haiti. Am crezut că nu va dura mai mult de câteva luni. Privind înapoi acum, îmi dau seama cât de neștiutori eram...

Trebuie să spun că nu păreai speriată când ai ajuns aici, Chika, dar nici nu ai vorbit prea mult. Și nici prea emoționată nu păreai. Observai totul în jurul tău. Cine te-ar putea învinui? Practic tot ce vedeai era nou: semafoare, autostrăzi, case cu grădini, căsuțe poștale, televizoare în mai multe camere. Probabil multitudinea de informații noi a fost copleșitoare. M-am întrebat adesea cât de departe de misiune te-ai imaginat în acea dintâi seară, când te-ai dus la culcare.

A doua zi am mers la spitalul Mott Children's din Ann Arbor, ce face parte din Universitatea din Michigan, o universitate extraordinară la care visam ca tu și ceilalți copiii să puteți merge, într-o bună zi. Era cea mai înaltă clădire pe care o văzuseși până atunci și ai continuat să privești în sus chiar și după ce am intrat. Ne-am apropiat de recepție. Un domn ne-a salutat. Ți-a pus o brățară de identificare, pe care ai admirat-o ca pe o bijuterie.

Apoi s-a întors spre mine și a întrebat:

– Care este relația dumneavoastră cu pacienta?

Am ezitat pentru o clipă. Eram înconjurat de mame și de tați, mulți semănau cu copiii lor, același păr, aceeași culoare a pielii, aceleași trăsături ale chipului. M-am simțit ca și cum aș fi fost prins încercând să păcălesc pe cineva. Am răspuns „tutore legal”, pentru că acelea erau, din punct de vedere tehnic, cuvintele corecte, iar domnul a notat ceva și m-a rugat să mă așez în fața unei camere.

– Nenea Mitch! ai strigat dintr-odată. Ia uite!

Arătai spre un Superman de dimensiuni mari, desenat pe hol. Ți-am eliberat mâna și ai fugit într-acolo, exact când domnul de la recepție mi-a dat un autocolant cu o fotografie pixelată a feței mele.

Deasupra fotografiei scria un cuvânt: *Tată*.

Mi-am lipit-o pe cămașă.

Este toamna anului 2013. Chika Jeune era la orfelinatul nostru de câteva luni. Fiind cea mai mică, şi ca vârstă, şi de statură, este prima la rând când se merge la baie sau la şcoală. Pare încântată că ceilalţi copii trebuie să mărşăluiască în spatele ei. Cu toate acestea, deseori o văd jucându-se singură, preferă să-şi ia o jucărie şi să se retragă într-un colţ. Copiii noi sunt adesea tăcuţi, găsesc o carte de colorat sau vreo păpuşă de care să se agaţe, poate pentru că nu mai au nimic din trecutul lor. Mă întreb de cât timp va avea nevoie Chika pentru a trece de la „cei noi" la „unul dintre noi".

Este seară şi ne recităm rugăciunile, o tradiţie care include şi muzică gospel, punctată de tobe bongo şi înviorată de volumul ridicat al vocilor. Copiii cântă din toţi rărunchii, unii în creolă[6]*, alţii în engleză, de la „Shout to the Lord"*[7] *şi „I Give Myself Away"*[8] *la „Jeriko MirayLa Kraze" şi „Mwen se Solda Jezi". Uneori seamănă cu o galerie de pe stadion. Îţi rămân însă întipăriţi cei mici, care, deşi au atât de puţine lucruri, cântă „Laudă lui Dumnezeu".*

În seara aceasta stau lângă un zid, cu câţiva copii sprijiniţi de mine. În mijlocul unui cântec plin de optimism, Janine îmi spune:

– Ia uite.

---

[6] Limbă vorbită de obicei de populaţiile fostelor colonii (franceză în acest caz), care derivă dintr-un amestec dintre limba cuceritorilor şi cea a populaţiei autohtone. (n. tr.)

[7] „Ridică-ţi glasul către Domnul" (în original, în lb. engleză) (n. tr.)

[8] „Mă încredinţez ţie, Doamne" (în original, în lb. engleză) (n. tr.)

Și arată spre Chika Jeune, aflată la câțiva metri distanță. Într-o cămășuță albă de noapte, bate din palme și-și leagănă capul în ritmul muzicii. Ține ochii închiși, flutură brațele în aer și râde între un vers și următorul. Când cântecul se termină, își dă părul împletit pe spate și zâmbește gingaș, cu toată gura, ca și cum ar spune: „Asta chiar a fost distractiv. Mai cântăm o dată?"

Îmi întipăresc imaginea în minte. Rugăciunile funcționaseră. Devenise „una dintre noi".

Eu

Cred că ar trebui să explic, Chika, ce făceam în Haiti când ați venit la noi și cum am ajuns să conduc un orfelinat la aproape trei mii de kilometri de casă.

A început, așa cum se întâmplă adesea cu lucrurile frumoase, cu o coincidență.

La câteva zile după cutremurul din Haiti, un pastor local pe nume John Hearn Jr. a venit la emisiunea radio pe care o prezint în Detroit. Era îngrijorat pentru o misiune din Port-au-Prince, la care era asociat și despre care nu știa dacă fusese distrusă, și se temea că ar fi putut exista morți printre copiii de acolo. Nu reușea să telefoneze (puțini oameni puteau face asta la momentul respectiv) și căuta ajutor.

Povestea sa m-a impresionat peste măsură. Nu știu sigur de ce. Ca jurnalist, am intervievat mulți oameni după dezastre naturale. Și, cu toate că am susținut întotdeauna solicitările de ajutor, rareori m-am implicat personal.

Dar de data aceasta era diferit. Mi se părea îngrozitor să nu ai vești despre soarta unor copii. Am încercat să organizez călătoria pentru pastor, dar, la acel moment, nu existau zboruri comerciale spre Haiti. În cele din urmă, am reușit să găsesc un zbor charter, cu un avion mic, și am găsit doi piloți dispuși să-l ducă până acolo. Avionul avea șase locuri, așa că Hearn i-a luat și pe tatăl său, John, care ajutase la întemeierea misiunii, și pe o femeie în vârstă, pe care o chema Florence „Mummy" Moffett, o misionară liniștită, minunată, care trăise și lucrase la orfelinat ani întregi. Am mai recrutat doi colegi, care au ocupat ultimele locuri libere.

Și, cu ajutorul unui domn senator pe nume Carl Levin, ne-au fost acordate zece minute pentru a ateriza; armata americană controla traficul aerian în Haiti după cutremur. Am decolat de pe zăpadă, din Pontiac, Michigan.

Aproape cinci ore mai târziu, aterizam pe pista încinsă de soare de pe Port-au-Prince sau ceea ce mai rămăsese din ea.

Când motoarele s-au oprit, mi-am lăsat haina de iarnă pe scaun și am pășit afară. Soarele ardea. Aerul era nemișcat. În depărtare se vedeau munți, și munți, și iar munți (*Haiti* înseamnă în dialectul local „țara munților înalți"). Era, în mare parte, liniște. O liniște tulburătoare, de parcă țara încă era în stare de șoc. Pe fațada terminalului de culoarea nisipului scria *Aeroportul Internațional Toussaint Louverture*, numit după liderul revoluției haitiene care avusese loc cu mai bine de două secole în urmă.

O crăpătură adâncă se vedea în dreptul cuvântului *Toussaint*. Era de la cutremur.

Am descărcat bunurile fără să ne controleze vreun funcționar sau vreun agent de securitate. Singurul indiciu că acela era un aeroport funcțional se afla în holul terminalului, unde mai multe femei stăteau la o masă pliabilă. În spatele lor, pe o bucată de hârtie albă lipită de perete, scria:

„STOP!!! BIROUL DE IMIGRĂRI HAITI."

Am trecut de ele într-un minut.

Călătoria către orfelinat, într-o dubă albastră, șubredă și fără portieră, a durat numai douăzeci de minute, dar mi-a rămas întipărită în minte pentru totdeauna: stradă după stradă, tot ce fusese clădire era acum la pământ, pe marginile străzilor erau munți de moloz gri, ca ieșite din mașina de tocat. Din grămezile mari apăreau când și când câte un picior de birou sau o saltea. Mașini zdrobite erau abandonate sub dărâmături. Oamenii rătăceau pe străzi ca niște zombi. Vânzători ambulanți cu fețe încruntate stăteau ghemuiți lângă grămezi de îmbrăcăminte, iar femeile stăteau aplecate asupra unor fructe și legume putrezite. Copiii stăteau la rând pentru a lua apă din bălțile de pe stradă.

Toată lumea părea să fie afară. Nu am văzut pe nimeni în spatele vreunei ferestre sau ieșind pe o ușă. Aveam să aflu mai târziu că mulți haitieni au refuzat luni întregi să intre în clădiri, de teamă că structurile rămase aveau să se prăbușească peste ei. Aerul sufocant mirosea a motorină și a gunoi ars; au început să mă usture ochii încă dinainte de a ajunge la destinație. Orfelinatul, din fericire, era în picioare. Dar capacitatea sa era depășită de numărul de oameni veniți acolo, amestecați cu copii, în corturi improvizate. În Haiti, după dezastre naturale, oamenii se îngrămădesc adesea în orfelinate și în spitale, considerând că agențiile de ajutorare vor aduce mâncare mai întâi acolo. Doar că, din ce-am văzut eu, nu erau nici ajutoare, nici alimente pe-acolo, doar niște orez și fasole puse la fiert pe cărbune de nişte femei care, am presupus eu, făceau parte din personalul orfelinatului.

Era imposibil să-ţi dai seama cine aparţinea locului şi cine era rătăcit pe-acolo. Frânghii cu rufe puse la uscat se încrucişau prin curte şi saltele vechi, din burete, erau împrăştiate pe jos. Cu feţele chinuite de grijă, oameni obosiţi stăteau la soare sprijiniţi de ziduri. Cereau de mâncare. Când am deschis cutiile pe care le înghesuiserăm în avion – apă îmbuteliată, şerveţele SaniCloth, recipiente cu aspirină, cutii de cola, am rămas prinşi în îmbulzeală.

La un moment dat m-a luat cu ameţeală din cauza lucrurilor pe care le vedeam. Era caniculă, tricoul de pe mine era fleaşcă de transpiraţie şi avusesem proasta inspiraţie să mă îmbrac în blugi negri, care mi se încinseseră pe coapse. Am expirat profund.

Stăteam cu braţele pe lângă mine şi, dintr-odată, am simţit două mânuţe strecurându-se într-ale mele. Am privit în jos. Erau un băiat şi o fată, unul de-o parte, altul de cealaltă. N-aş putea spune cine erau, Chika, nici măcar nu ştiam dacă erau din orfelinat. Însă mi-au zâmbit şi m-au condus de mână către ceea ce, îmi dau seama acum, era lumea lor, care avea să devină apoi lumea ta.

Mă rog, asta nu explică de ce o călătorie s-a transformat într-un angajament. La întoarcerea în Detroit, am scris despre ceea ce văzusem, solicitând ajutor. Am organizat rapid o echipă de voluntari: tâmplari, instalatori, electricieni, constructori. Erau douăzeci şi trei de oameni. S-au autodenumit The

Detroit Muscle Crew[9]. Cu avioane donate de Roger Penske, fostul pilot de curse, devenit om de afaceri de succes, şi de Art Van Elslander, proprietar al magazinelor de mobilă Art Van, am împachetat provizii, ustensile şi echipamente mici şi ne-am întors la Port-au-Prince.

Apoi ne-am dus iar.

Şi încă o dată.

Şi încă o dată.

După nouă drumuri dus-întors, am reuşit să construim, împreună cu muncitorii haitieni, toalete, o bucătărie, o sală de mese şi o spălătorie. Am pus ţiglă. Am montat paturi supraetajate. Am pictat pereţii murdari în culori strălucitoare, pastel. Am construit chiar şi o şcoală cu trei încăperi.

De asemenea, am construit primele duşuri din orfelinat, cu ţevi din PVC alb, care erau alimentate de un rezervor de apă aflat pe acoperiş. Până în acel moment, copiii se spălaseră cu apă şi săpun într-o găleată mare, roşie.

Când a venit momentul să testăm duşurile noi, toţi copiii s-au înghesuit înăuntru. Erau îmbrăcaţi în pantaloni scurţi sau lenjerie intimă şi se uitau curioşi la robinete şi la capetele de duş. Am numărat „unu, doi, trei" şi am dat drumul la apă. Când a început să-i stropească au ţipat de bucurie, de parcă ar fi experimentat prima ploaie divină. S-au bătut cu apă, au râs, au cântat şi au dansat. Erau atât de încântaţi de ceva ce eu făceam în fiecare dimineaţă fără să-i fi dat vreodată importanţă, încât am simţit cum ceva se transforma în inima mea. Simţeam, fizic, că trăiesc o

[9] Echipa de forţoşi din Detroit (în original, în lb. engleză) (n. tr.)

revelaţie, adică o manifestare a divinului; chiar aşa am simţit, şi atunci, şi în zilele următoare. Eram epuizat, dar fericit într-un mod aproape nepământesc. M-am trezit râzând altfel, mai liber decât o făceam când eram acasă, în Statele Unite, şi dormeam mai bine. În fiecare zi mă simţeam mai uşor, în ciuda muncii grele care începea la răsărit şi se încheia în întunericul dominat de roiuri de ţânţari.

– Cred că în locul ăsta putem face diferenţa, i-am spus lui miss Janine.

– Atunci ar trebui să continuăm, mi-a răspuns ea.

Şi am făcut-o. Am venit în Haiti cu avionul în fiecare lună. În America, viaţa mea de zi cu zi se rezuma la a gândi şi crea poveşti, a lua decizii, a-mi organiza programul, şi la apeluri telefonice unul după altul. În Haiti, erau doar lucruri *de făcut,* lucruri care le permiteau copiilor să mănânce, să doarmă, le ofereau un acoperiş deasupra capului. Chestiuni esenţiale, a căror importanţă era indiscutabilă. Legătura mea cu copiii a devenit din ce în ce mai strânsă cu fiecare vizită. Le-am învăţat numele şi am ajuns să le cunosc personalităţile. Eram întâmpinat de îmbrăţişările lor precedate de lipăit de papuci. În Haiti m-au dus adulţii, Chika, dar copiii au fost cei care m-au făcut să mă întorc.

La Detroit, m-am întâlnit din nou cu John Hearn tatăl, care avea circa optzeci şi cinci de ani. Mi-a spus povestea sa şi a orfelinatului. De-a lungul timpului, mi-a zis, povara crescuse. Mi-a mulţumit pentru toate îmbunătăţirile pe care echipa noastră, Muscle Crew, le aducea. Dar a recunoscut că nu avea, de ceva vreme deja, bani pentru a administra orfelinatul. Nu-şi putea permite să meargă acolo decât din când în când.

Şi atunci, dintr-un impuls pe care nici în ziua de azi nu mi-l pot explica, i-am povestit despre celelalte organizaţii caritabile pe care le-am înfiinţat în Detroit şi-am zis, fără să mă gândesc de două ori:

– Dacă doriţi, aş putea prelua eu conducerea orfelinatului. Pot găsi bani. Şi oameni. Cred.

A bătut din palme şi mi-a zâmbit.

Am semnat actele.

Şi acolo am rămas de când...

Noi

– Bine, bine, bine, mă întrerupe Chika cu un oftat.

Bine ce?

Ridică una dintre cănile mele de cafea.

– Vorbeşti prea mult despre tine!

Trânteşte cana.

– Eu vreau să ştiu despre MINE!

Din instinct, îmi vine să-i amintesc de bunele maniere, dar nu o fac. Copiii care au nevoie de atenţie trebuie iertaţi, chiar dacă depăşesc măsura. Chikăi i-a plăcut mereu să fie în centrul atenţiei. Dacă eu şi Janine vorbeam prea mult, striga:

– Hei, despre ce tot vorbiţi acolo?

Dacă ne jucam vreun joc, lua piesele şi-mi dădea instrucţiuni:

– Tu joci cu verdele. Eu cu roşu. Roşu e şeful!

Desigur, când a sosit aici, engleza ei era limitată; ne înţelegeam cum puteam, prin propoziţii precum „ajutor, nu pot s-o deschid", când avea în mână o banană, sau „acolo este el!", când găsea o jucărie pierdută. Cu pronumele ne-a luat ceva timp. Dar, pe măsură ce treceau săptămânile, Chika învăţa propoziţie după propoziţie; sub ochii mei avea loc o transformare excepţională, însoţită de o curiozitate nelimitată în legătură cu trecutul şi viitorul ei.

– Eu când o să mă îndrăgostesc? ne-a întrebat într-o seară.

Eu şi Janine ne-am uitat unul la altul.

– Când o să te faci mai mare, a spus Janine în cele din urmă. Şi când o să întâlneşti persoana potrivită.

– Când mai exact?

– Nu ştim.

– Dar de ce vrei să te îndrăgosteşti, Chika? am întrebat-o.

A făcut o faţă serioasă.

– Pentru că *voi* v-aţi îndrăgostit. Şi-a încrucişat braţele. Şi vreau să mă îndrăgostesc şi *eu*!

A spus-o cu atâta emfază, încât am fost cât pe ce să cred că Dumnezeu avea să-i aducă pe cineva chiar în momentul acela.

– Dar de cine vrei să te îndrăgosteşti, Chika? am întrebat.

– Nu ştiu, a răspuns. Vreau să mă îndrăgostesc de cineva pe care nu l-am mai *întâlnit* niciodată!

– De ce?

– Pentru că aşa aţi făcut şi *voi*. Te-ai îndrăgostit de miss Janine. Şi nu o ştiai de dinainte!

Modul în care funcţiona mintea ei mă lăsa fără cuvinte. Şi-mi umplea inima de bucurie. Într-un fel, spunea că voia o dragoste ca a noastră. Ceea ce ne-a făcut să simţim că eram un exemplu bun pentru ea.

– Nenea Mitch? îmi zice Chika acum.

Hmm?

Pune ceaşca de cafea la locul ei şi se propteşte cu palmele de genunchiul meu. Apoi mă priveşte în ochi. Şi-mi pune singura întrebare pe care nu mi-a pus-o niciodată până acum:

– Cum m-am îmbolnăvit?

Tu

Ei bine...

Cum să-ți explic asta?

Cuvântul în creolă pentru „cap" este *tèt*. Știi asta, desigur. Haitienii îl folosesc în multe expresii. De exemplu, *tèt vire* (mi se învârte capul), care înseamnă „amețit", sau *tèt ansanm* (cu capete împreunate), care înseamnă „uniune", sau *tèt frèt* (cap rece), care înseamnă „calm".

Sau *tèt chaje* (cap încărcat), adică „probleme".

Poate că pe ultima expresie n-ai auzit-o niciodată, Chika, dar se potrivește cu povestea ta, pentru că atunci când ai venit la noi aproape fiecare parte a corpului tău funcționa perfect: plămânii, burtica, inima... Însă deasupra gâtului, în partea creierului care se numește pons, tu erai *tèt chaje*, adică aveai ceva în plus în cap. Iar acest ceva chiar s-a dovedit a fi o problemă.

În prima zi în Ann Arbor, ți-au făcut alt RMN. De data aceasta nu ți-au dat niciun sirop și nici nu a trebuit să aștepți mult. Am coborât cu liftul într-o cameră antiseptică, puternic luminată, te-au băgat într-un cilindru uriaș și au pus muzică în boxe. Eram înapoi acasă înainte de cină.

Dar când au venit rezultatele, medicii au văzut același lucru pe care-l văzuse neurologul haitian: un monstru stătea ghemuit în creierul tău, un punct întunecat pe imaginile scanate de RMN, care putea deveni o problemă serioasă dacă se extindea. Concluzia lor a fost că acel ceva nu trebuia să fie acolo și că trebuiau să-l scoată. Dar au dezbătut, pentru că trebuiau să evalueze dacă merita riscul.

Zilele treceau una după alta. În cele din urmă, medicii au făcut un consiliu „despre tumoare" ca să voteze, pentru că, așa cum noi luăm decizii la orfelinat, doctorii trebuie să fie realiști cu oamenii care vin la ei. Cinci dintre cei opt au votat da, ceea ce însemna că urma să fii operată. Am încercat să nu mă gândesc la cei trei care au votat împotrivă.

Am vrut să te pregătim pentru ce urma să se întâmple. Dar engleza ta pe-atunci nu era încă cea pe care aveai s-o stăpânești mai târziu, iar creola mea scârțâia și oricum eu și miss Janine am decis că tu n-aveai nevoie de un curs intensiv de chirurgie cerebrală, așa cum a fost pentru noi. Poate că am luat decizia corectă, poate că nu. Cred totuși că am procedat bine. Aveai cinci ani și am vrut să te poți bucura de lucruri ca la cinci ani, așa că nu aveam să-ți arătăm desene cu lobi și ventricule.

Când te-am trezit devreme în ziua operației, te-am îmbrățișat și te-am sărutat așa cum făceam mereu și ți-am cântat un cântec de bună dimineața în timp ce te îmbrăcam. Nu se iviseră încă zorii. Ți-am spus că mergem la clădirea cu Superman, unde medicii te vor ajuta să te faci bine. Ai căscat. Ți-ai ales o păpușă cu care să te joci pe drum. Te-am pus în scaunul mașinii.

Şi, după exact cinci ani, cinci luni şi şase zile de la venirea ta pe lume în casa aceea din bolţari de lângă arborele de pâine, ai intrat în Mott Children's Hospital, unde ne-au dat o cameră şi ţi-au adus o cămaşă de noapte, de un albastru-deschis, cu urşi dansatori pe ea. Miss Janine te-a ajutat să te schimbi.

La un moment dat, am ieşit pe hol să semnez documentele prin care îmi dădeam consimţământul pentru operaţie. Erau pline de diagrame, explicaţii. Ce-mi amintesc cel mai bine e partea cu „riscurile". Risc de formare de cheaguri de sânge. Risc în caz de transfuzii. Risc de posibile efecte secundare, inclusiv „deces". Am încercat să trec cu optimism peste toate aceste detalii, spunându-mi că erau necesare, probabil doar nişte avertismente, ca la meteo cu şansele de ploaie într-o zi însorită.

Două ore mai târziu, te aflai într-o sală de operaţii, anesteziată. Instrumentele fuseseră pregătite. Erai înconjurată de doctori şi de asistente. Apoi un neurochirurg, pe nume Hugh Garton, un om subţirel, atletic, căruia îi place să se caţăre pe munţi în timpul liber, ţi-a deschis căpşorul preţios ca să vadă cu ochii săi monstrul de acolo.

Şi-a petrecut mult timp luptându-se cu el, încercând să-l elimine, ore întregi, tăind un pic aici, un pic mai mult dincolo, dar era îmbârligat cu atât de multe părţi importante ale creierului tău, încât nu a fost posibil să scoată tot; a fost ca *Operaţia*, jocul pe care-l joacă la misiune copiii: când atingi marginea, se declanşează alarma.

Doctorul Garton a eliminat aproape zece la sută din masa tumorală şi apoi s-a oprit, din prudenţă. Te-au cusut la loc şi te-au dus la reanimare.

În tot acest timp, eu şi miss Janine am aşteptat pe holul imens, unde, pe un ecran, apăreau actualizări periodice semnalate de o alarmă. Fiecare mesaj nou era un pas înainte.

După-amiaza, târziu, ne-a anunţat, în sfârşit, că operaţia se încheiase. După încă o oră am putut să te vedem. Dormeai pe-o parte, atât de micuţă, încât abia ocupai jumătate din pat; aveai tot felul de tuburi şi de fire pe corp şi un bandaj alb, mare, înfăşurat în jurul capului. Îţi făcuseră şi o fundiţă din pansament.

Mi s-a rupt sufletul.

Dintre toate momentele prin care aveam să trecem împreună prin spitale, acela a fost, Chika, probabil cel mai greu, pentru că până în acel moment, în ciuda RMN-urilor, consultaţiilor şi chiar în ciuda faptului că îmi dădusem consimţământul scris, nu înţelesesem gravitatea situaţiei tale. În primele zile în care ai stat cu noi erai jucăuşă, ne alergai prin casă, iar eu m-am amăgit că...

Şi erai acolo, atât de mică pe patul de spital, anesteziată, înconjurată de monitoare. Te-au deschis şi au lucrat ore întregi, dar nimeni nu ne-a spus: „Am reuşit să eliminăm totul". N-am avut parte de uşurare, ci de şi mai multe întrebări şi zile de aşteptare înainte de a primi rezultatele examenului anatomo-patologic. Ne-au spus că pentru o vreme vei avea dureri, chiar şi cu tratament, şi că trebuia să ne pregătim pentru că ne aşteptau provocări.

Eu priveam drept în faţă. Îi lăsasem să-ţi facă asta. Îmi dădusem consimţământul. Gândul că din cauza deciziilor mele tu aveai de suferit m-a făcut să simt un nod în stomac.

În plus, m-am simţit umilit, Chika. Cred că ţi-e greu să înţelegi asta. Dar până în acel moment încă simţeam, în mod stupid, că puteam controla totul, cu tine, cu copiii noştri, de parcă aş fi fost Supermanul din holul spitalului. Aveam putere, aveam resurse. Dacă nu ştiam ceva, puteam învăţa pentru a continua să deţin controlul. Copiii noştri erau mici. Eu eram adultul. Eram capabil să mă descurc indiferent de ce ne-ar fi apărut în cale.

Însă, stând la căpătâiul tău în acea zi, faţă în faţă cu prima problemă medicală serioasă în cei cinci ani de când conduceam orfelinatul, am simţit că siguranţa de sine dispare, fiind înlocuită de un presentiment puternic. Erai mai mică decât mine, ce-i drept. Dar dacă acea provocare ne depăşea pe amândoi?

– La mulți aaani! Un an nou fericit!!

Este sfârșitul anului 2014, copiii țopăie și cântă „Auld Lang Syne”[10]. Eu i-am învățat, mai puțin versurile, pe care nu le știu. Prin urmare, lălăim „Lalaaa, Lalala, la, lalaaa”.

Devenise o tradiție a noastră încă din prima iarnă pe care mi-o petrecusem la misiune. În fiecare an, pe 31 decembrie, mâncam la cină pizza, de la un hotel din Port-au-Prince, beam suc de mere și la desert aveam un tort mare, cu glazură de ciocolată. Apoi aprindeam artificiile, câte una pentru fiecare copil. Le înfigeam în pământ de-a lungul peretelui și ne puneam o dorință. Pentru noi, anul nou sosea când se stingeau toate artificiile, chiar dacă era de-abia ora opt jumătate seara.

– Un an nou fericit, Chika, spun lăsându-mă pe vine în fața Chikăi Jeune, care era cu noi de aproape șase luni. Poți să spui și tu Happy New Year?

I-au dat dinții, un șir întreg de dinți mari. Cei doi din față se ating.

– ’appy new year, spune ea.

– Știi ce? Mâine e ianuarie, ceea ce înseamnă că se apropie ziua ta. Și o să porți coronița sărbătoritei.

Face ochii mari.

– Când ziua mea? întreabă ea.

– Încă nouă zile.

– Și câți ani fac?

---

10 Poem scoțian scris în 1788 de Robert Burns, pus pe muzică și cântat în mod tradițional la miezul nopții în cele mai multe dintre țările vorbitoare de limbă engleză din lume pentru a spune la revedere vechiului an. (n. tr.)

– Patru.

Rămâne pe gânduri, așa că îi număr pe degete ca să înțeleagă. Când ajung la patru, îi ating obrajii moi și spun „bau!". Mi se aruncă în brațe, fericită, și habar n-am dacă este de dragul meu sau pentru că a crescut mai mare.

Noi

– Nenea Mitch?

Hmm?

– Și dup-aia ce s-a întâmplat?

Hmm?

– La spital.

Îmi dau seama că mintea îmi zburase departe și că mă holbam pe fereastră la o sequoia ale cărei ace groase sunt galbene în lunile de vară. Este singurul copac galben din curtea noastră din spate și încercam să-mi amintesc dacă l-am plantat eu sau l-am găsit aici când am cumpărat casa, cu douăzeci și cinci de ani în urmă.

– Bineee, lasăăă, spune Chika dând din mână.

Nu, Chika, e în regulă. Mi-ai pus o întrebare, iar eu ar trebui să-ți răspund. Doar că partea asta nu-mi place.

– De ce?

Pentru că am primit vești proaste.

– Nuuuh.

Nu erau vești proaste?

Clatină din cap.

Cum putea ea să ajungă la concluzia asta? Nu-i spusesem niciodată povestea, nu-i vorbisem niciodată despre momentul când eu și Janine am intrat într-o mică sală de consultații, la câteva zile după operația pe care o suferise Chika.

Oricine a experimentat așa ceva, intervalul acela de timp în care mai întâi nu știi nimic, apoi afli ceva îngrozitor, poate confirma că viața ți se schimbă într-o clipă și că cel mai greu este să alegi ce să faci în continuare, pentru că diagnosticul poate fi perceput în multe moduri: blestem, provocare, înfrângere ori o încercare de la Dumnezeu.

Eu și Janine eram plini de speranță în dimineața aceea, datorită analizei anterioare a doctorilor conform căreia tumoarea din creierul Chikăi ar fi putut să fie ușor de gestionat. Pe scannere apărea neclară. Iar biopsiile pe care le luaseră în timpul intervenției chirurgicale nu erau prea alarmante. Speraserăm să fie o tumoare de gradul unu, care este cel mai ușor de tratat, dar eram pregătiți pentru un eventual grad doi, care, după cum ne avertizaseră, ar fi putut implica radioterapie și supraveghere pe termen lung.

Însă doctorul Garton a intrat în camera de consultație, s-a așezat și, pe un ton delicat, dar direct, ne-a informat că veștile nu erau bune, că situația era mai rea decât crezuseră: Chika avea gliom pontin intrinsec difuz sau DIPG. Când am întrebat dacă era de gradul unu sau doi, răspunsul a fost „patru".

Patru?!

A început să ne prezinte diferite opțiuni care includeau radioterapia și medicamente experimentale, dar tot ce auzeam eu era „patru". Patru? Am simţit că mă împiedic, deşi stăteam jos. Patru? Am continuat să ascult, aşteptând partea în care avea să ne spună că fetiţa urma să fie operată din nou şi că monstrul avea să fie eliminat de medicii chirurgi. Dar nu ne-a spus-o. Se pare că, dacă ar fi făcut asta, nimic din creierul Chikăi nu ar mai fi funcţionat.

Patru?

– Îmi pare foarte rău să vă dau această veste, a spus doctorul Garton.

Ne-a vorbit despre câteva aspecte necruţătoare în ceea ce priveşte DIPG: în Statele Unite existau doar circa trei sute de cazuri pe an; de obicei, îi lovea pe copiii de vârsta Chikăi, între cinci şi nouă ani; le debilita rapid mersul, mobilitatea, capacitatea de a înghiţi. Şi apoi a venit lovitura de graţie: rata de supravieţuire pe termen lung era, practic, zero.

Eram şocaţi. În vreme ce doctorul Garton ne prezenta opţiunile, îmi amintesc că a trebuit să fac un efort să-mi închid gura, care rămăsese căscată. Şi nu era vorba doar despre faptul că mă simţeam de parcă îmi căzuse un pian în cap de la etaj. Se presupunea că trebuia *să luăm o decizie*. De aceea ne dădea informaţiile acelea oribile.

O decizie? În legătură cu viaţa Chikăi? Tocmai ajunsese în America! Abia trecuseră câteva săptămâni! Îi cumpăram pantofi. O întrebam dacă-i plăcea omleta. Ar fi trebuit să stea câteva luni, apoi să se întoarcă la orfelinat, vindecată de faimosul sistem medical american. O decizie cu privire la viaţa ei?

Eu şi Janine ne-am uitat unul la celălalt.

– Ce ați face dacă ar fi copilul dumneavoastră? m-am bâlbâit, alunecând iar pe coaja de banană și încercând să pun decizia pe umerii doctorului.

– Ei bine, a spus doctorul Garton respirând adânc, probabil aș duce-o înapoi în Haiti, aș lăsa-o să se bucure de vară, să fie cu prietenii ei, până când...

În acel „până când" se ascundeau cele mai îngrozitoare lucruri.

Janine se frângea sub ochii mei. Iar eu simțeam că aveam să explodez. Am pus întrebarea înainte de a-mi pierde de tot curajul.

– Cât timp mai are?

– Poate patru luni, a spus încet, adăugând apoi: poate cinci.

Dar cred că a spus cinci ca să ne ușureze povara acelui patru. *Patru. Din nou, patru.* Ne-a spus că radioterapia i-ar putea prelungi viața cu probabil alte patru-cinci luni, dar asta i-ar afecta calitatea vieții. Doctorul ne-a spus că el n-ar face această alegere, pentru că însemna că trebuia să rămână aici, în loc să se întoarcă acasă, și că, în cele din urmă, nu ar face nicio diferență.

În general, sunt înclinat să țin cont de sfatul medicilor. Le respect cunoștințele și experiența. Dar când a spus „calitatea vieții", ceva s-a transformat în mine, de parcă cineva ar fi schimbat brusc macazul. Eram în America, într-un spital extraordinar dintr-un oraș foarte prosper. „Calitatea vieții", așa cum o știam noi, avea prea puțin de-a face cu locul în care se născuse Chika, a cărui forță îi curgea prin vene. Mi-am amintit că supraviețuise unui cutremur în primele sale zile pe Pământ, că dormise în câmpuri de trestie-de-zahăr, că îndurase moartea mamei, pe care de-abia o cunoștea, şi că trecuse deja prin patru case diferite... Ideea de a o trimite înapoi să-şi aştepte moartea mi părea de o cruzime fără margini. M-am trezit în defensivă, ca managerul unui boxer care fusese subestimat.

– E o luptătoare, am spus în cele din urmă uitându-mă la Janine, care a dat din cap. Şi dacă luptă ea, vom lupta şi noi.

Doctorul Garton s-a lăsat pe spate.

– Bine, a spus.

Şi apoi, preţ de câteva clipe, am stat cu toţii acolo, holbându-ne în gol, la un plan de luptă invizibil.

– Uraaa!

Chika bate din palme.

Ce? spun eu.

Îmi dau seama că am vorbit cu voce tare şi că i-am spus o poveste pe care nu intenţionam să i-o zic.

– Ura! repetă ea.

De ce baţi din palme? Pentru că ţi-am spus povestea?

Niciun răspuns.

Pentru că am ales să luptăm?

Niciun răspuns.

De ce, Chika?

Se ridică şi-mi ia mâinile într-ale ei. Mi le aşază palmă peste palmă.

– Aplaudă-ne, nenea Mitch!

Îmi întorc palmele, confuz.

Chika dispare din nou.

Trei

Eu

Cu douăzeci de ani înainte să o avem pe Chika cu noi, m-am îmbarcat în călătoria vieții mele. Nu era cine știe ce distanță, mai puțin de o mie două sute de kilometri cu avionul de la Detroit la Boston, plus treizeci de minute de mers cu o mașină închiriată până în suburbia West Newton. Mă dusesem să-mi vizitez un fost profesor de la facultate.

Numele său era Morrie Schwartz.

Morrie era pe moarte. Suferea de scleroză laterală amiotrofică, SLA, o boală progresivă neurodegenerativă cunoscută și ca boala lui Lou Gehrig, după celebrul jucător de baseball care, în 1930, deși forțat să se retragă din cauza bolii, a declarat în discursul său de adio de pe Stadionul Yankee: „Astăzi... *mă consider*... cel mai norocos om... de pe fața pământului".

– Mda, bine, mi-ar spune Morrie, eu nu am zis la fel.

Pe atunci aveam treizeci și șapte de ani și cinci locuri de muncă: la mai multe ziare, în televiziune, la radio, scriam cărți și eram liber profesionist. Nu am spus niciodată *nu* la nimic, de teamă că nu voi mai fi întrebat a doua oară. Tocmai aflasem despre boala lui Morrie de la televizor, dintr-un interviu pe care-l dăduse în cadrul emisiunii *Nightline* de pe ABC. Ted Koppel, prezentatorul, zburase de la Washington D.C. pentru a-l întâlni pe profesorul cu chip de înger, muribund, care le povestea vizitatorilor, adesea cu un zâmbet pe buze, ce-i dezvăluise iminența morții despre viață. Koppel a fost atât de impresionat de atitudinea lui Morrie, care nu mai putea să meargă, să se îmbrace sau să-și facă singur baie, încât *Nightline* i-a dedicat o emisiune întreagă și avea să realizeze apoi încă două.

Când am văzut prima emisiune, am rămas cu gura căscată. Morrie, într-o versiune mai sănătoasă, fusese profesorul meu preferat de la Universitatea Brandeis. Preda sociologie. Nu am pierdut niciun curs de-ale sale. Mi-era drag mai mult ca un unchi decât ca profesor. Ne plimbam prin campus împreună, mâncam împreună la prânz. Morrie avea atât de multe idei, încât vorbea și cu gura plină, aruncând mici bucăți de salată de ouă în direcția mea. (Am scris odată că, pe vremea când îl frecventam, simțeam adesea două impulsuri: să-l iau în brațe și să-i dau un șervețel.)

În ziua absolvirii, i-am oferit lui Morrie un cadou, o servietă cu inițialele sale. Lăcrimând, m-a îmbrățișat și mi-a zis:

– Mitch, tu ești unul dintre cei buni. Promite-mi că vom păstra legătura.

Și i-am promis.

Dar nu mi-am ținut promisiunea.

Timp de șaisprezece ani.

Șaisprezece ani și nicio vizită, nicio scrisoare, nici măcar un telefon. N-aveam nicio scuză, cu excepția celei de care se folosesc toți. Eram „ocupat”, în toate accepțiunile jalnice pe care le poate avea acest cuvânt; un jurnalist sportiv la mare căutare, ambițios, colecționar de succese, mereu preocupat de chestiuni prea importante... Așa mă credeam.

Prin urmare, atunci când l-am văzut pe Morrie la *Nightline*, după atâția ani, șocul a fost urmat de mustrări de conștiință. Vinovăție. Sau poate rușine. De sentimentul că nu mai eram „unul dintre cei buni".

L-am sunat. Am stabilit să ne vedem. Trebuia să fie vorba despre o singură vizită. Dar, în timpul acelei prime întâlniri, Morrie mi-a spus ceva ce avea să mă schimbe. Slab și în scaunul cu rotile cum era, a privit în mine cu o acuratețe de neînchipuit.

– Moartea este doar un lucru care aduce tristețe, Mitch. Dar a trăi nefericit e cu totul altceva.

Prin urmare, m-am trezit întorcându-mă la el marțea următoare și cea de după și tot așa, până când Morrie s-a dus. Mi-a predat un ultim „curs" despre ceea ce contează cu adevărat în viață când știi că moartea e la un pas și a scos la iveală din mine o versiune mai bună, cea de dinainte.

Vizitele noastre s-au transformat, în cele din urmă, într-o carte, *Tuesdays with Morrie*, pe care am scris-o pentru a-i plăti cheltuielile medicale și care trebuia să fie o carte mică, dar, cumva, a devenit o carte mare. Și, pe măsură ce anii au trecut, am devenit eternul absolvent al ultimului curs al lui Morrie.

M-a schimbat. N-aveam cum să nu mă schimb. Conversațiile mele cu persoanele necunoscute au trecut de la cine o să câștige Super Bowl la „mama mea a murit de curând, iar ultimul lucru pe care l-am făcut împreună a fost să citim cartea ta. Îți pot povesti despre ea?" Poate că bătrânul profesor știuse că inima mea avea nevoie de chemări zilnice la apel pentru a se înmuia și a deveni mai înțeleaptă. *Tuesdays with*

Morrie a devenit unitatea mea de măsură, o maree care mă făcea să revin mereu la el, îl citam, îl dădeam drept exemplu, răspundeam la întrebări despre el, până când ceea ce fusese el a devenit, în mod natural, parte din modul meu de a trăi.

Am fost invitat să iau cuvântul la evenimente caritabile, la convenţii medicale, la universităţi. Am început să vizitez şi chiar să ofer sfaturi pacienţilor recent diagnosticaţi cu SLA.

Cu bolnavii în fază terminală împărtăşeam ideile lui Morrie, care, mai ales în ultima sa lună de viaţă, s-au dovedit şi mai vibrante; Morrie le asemăna cu acele culori vii ale unei frunze muribunde.

Celor sănătoşi le repetam mantra lui Morrie: comportă-te în fiecare zi de parcă ai avea o pasăre pe umăr, o pasăre pe care o întrebi: „Este ultima mea zi de viaţă?!" şi trăieşte fiecare zi ca şi cum ea ţi-ar răspunde că da.

Drept urmare, aş putea considera că pelerinajul vieţii mele din urmă cu douăzeci de ani făcea parte dintr-un genial plan divin menit să mă pregătească pentru a înfrunta prognosticul Chikăi, înarmându-mă cu o filosofie robustă şi o inimă oţelită, pregătită pentru cele mai cumplite veşti.

Doar că în cazul acesta nu era vorba despre un bătrân care privea spre trecutul său, ci despre o fetiţă care privea înainte, către viitorul ei.

Însă, după cum s-a dovedit, în viaţă pelerinajele pot fi mai multe, nu doar unul.

Noi

Chika? spun eu.

Nu o văd. Dar aud râsete înăbuşite.

Mă ridic de pe scaun. Merg prin cameră.

Este început de septembrie, a trecut mai mult de o lună de la ultima ei vizită.

Unde este Chika? întreb.

Era un joc pe care-l jucam adesea. Căutând-o pe Chika. Atunci când auzea uşa din faţă deschizându-se, se ascundea sub o pătură ori sub masa de la bucătărie, iar noi trebuia să o căutăm strigând:

– Unde-i Chika? Am pierdut-o! Unde este?!

Până când vocea noastră trăda suficientă panică. Abia atunci ieşea din ascunziş, strigând în engleza ei de începător:

– Aici este eu!

Apoi izbucnea în râs, scuturând din umeri. N-am mai văzut niciodată un copil atât de fericit să fie găsit.

Iar acum se pare că ne jucăm din nou de-a v-aţi ascunselea.

Unde este Chika? zic pe un ton teatral. Unde s-o fi dus?

Văd o pătură întinsă peste un divan, unde dorm uneori când scriu până noaptea târziu.

Trag de pătură şi spun cu voce jucăuşă:

O fi... *aici?*

Ridic pătura.

– Nuuu, răspunde din partea cealaltă a camerei.

Mă întorc. Stă lângă biroul meu, citind din caietul galben. Deci cred că jocul s-a terminat.

– Ce înseamnă asta? întreabă ea. Esenţa timpului se schimbă?

Este al doilea lucru pe care l-am învăţat de la tine, îi răspund. A doua lecţie de pe lista pe care mi-ai cerut s-o fac.

Îmi trage scaunul.

– Scrie-o!

Apoi se trânteşte pe scaun cu zgomot şi râde.

Să ştii că trebuie să stau acolo ca să scriu.

– Ştiu, spune ea şi râde din nou.

Învârte scaunul când la stânga, când la dreapta.

– Vrrrrr! Vrrrrr!

Dintr-odată, pătura de pe divan e în mâinile ei. Trage de ea şi şi-o pune peste cap.

– Unde-i Chika? strigă ea.

Oftez.

A doua lecție

ESENȚA TIMPULUI SE SCHIMBĂ

Ți-aduci aminte de prima dimineață când te-ai trezit la noi acasă? Eu eram deja în birou, pentru că dimineața scriu. Deodată, mi-a sunat telefonul; era miss Janine, din dormitor. Cu voce dogită, încă somnoroasă, a spus:

– Nenea Mitch, Chikăi îi este foame. Vrea micul dejun. Te ocupi tu?

Am venit sus și te-am luat cu mine la bucătărie. Am scos ouă, unt, niște brânză și roșii. Ți-am arătat tigaia, aragazul, iar tu, stând pe vârfuri, m-ai ajutat să învârt ouăle cu spatula. Am turnat suc. Ne-am spus rugăciunile.

Și te-am privit cum luai o îmbucătură.

Și mai apoi încă una.

Aș putea spune că mâncai „pe îndelete", dar ar fi un eufemism. Mestecai. Te uitai pe fereastră. Puneai jos furculița, căscai, apoi luai din nou furculița. Te legănai înainte și înapoi pe un ritm doar de tine știut. A durat aproape o oră. Aș compara ritmul tău cu cel în care mănânc eu micul dejun, numai că eu nu iau micul dejun.

A doua zi de dimineață, când ți-am auzit picioruşele tropăind pe trepte la ora 7:00, m-am ridicat de la birou, te-am întâmpinat la uşă, te-am luat în braţe şi mi-ai spus:

– Nenea Mitch, mi-e foame!

Iar eu te-am dus la bucătărie.

Un copil e şi ancoră, şi pereche de aripi.

Vechea mea rutină se schimbase.

Esenţa timpului se schimbă. Când apare un copil, timpul tău nu-ţi mai aparţine. Toţi părinţii spun acest lucru. Însă, dat fiind că mie şi lui miss Janine ni s-a întâmplat atât de târziu în viaţă, după douăzeci şi şapte de ani în care am fost doar noi doi, diferenţa a fost zguduitoare.

Când am decis că nu te vei întoarce în Haiti, Chika, până când nu vom găsi o modalitate de a învinge acel monstru, te-am adus acasă de la spital cu două pluşuri de jucărie, un bandaj pe gât şi o valiză plină de speranţe naive. Nu ne-am dat seama ce responsabilitate ne asumaserăm, nu ne-am dat seama că nu aleseserăm doar să deschidem uşa noastră unui copilaş, ci şi unei provocări, căutarea cu normă întreagă a unui remediu pentru o boală agresivă, despre care, cu două săptămâni înainte, abia dacă auziserăm ceva.

Tu aveai un ritm al tău. Boala avea, şi ea, un ritm al ei. Şi, din acel moment, tot ce ştiam noi despre timp avea să se schimbe, de la modul în care obişnuiam să-l petrecem la modul în care îl preţuiam.

Chika, tu ştii câţi ani am?

De obicei spuneai după ureche: „treizeci!” Când îţi ziceam că nu, încercai din nou: „o sută!” Cred că vârsta părinţilor e o chestiune misterioasă pentru copii, dat fiind că ei şi-o măsoară în jumătăţi de an. („Am cinci ani şi jumătate!") Dar eu şi Janine aveam aproape şaizeci când ai venit să locuieşti cu noi, suficient de tineri cât să ţinem pasul cu rutina noastră, prea bătrâni să ne-o schimbăm cu uşurinţă.

Deloc surprinzător, miss Janine s-a adaptat mai repede decât mine. Cred că, într-un fel, se pregătise dintotdeauna pentru această zi.

Mie însă îmi fusese frică să devin tată când eram mai tânăr. Văzusem cum un copil îţi umplea toată ziua. Mă temeam că nu-i voi dedica suficient timp copilului meu şi că aş sfârşi prin a fi un tată rău. În plus, ca să fiu sincer, credeam că îmi va pune piedici în carieră. Avansam repede şi voiam să ţin pasul. Nu te-am avertizat niciodată în legătură cu ambiţia, Chika, dar să ştii că te poate înghiţi încet-încet, aşa cum norii înghit razele soarelui, până când ajungi să te obişnuieşti cu puţină lumină.

Miss Janine ştia toate acestea când ne-am căsătorit. Dar a crezut într-o versiune mai bună a mea, una mai generoasă şi, în primii ani petrecuţi împreună, aşa mi-am dorit şi eu. Cu toate astea, e greu să scapi de obiceiul de a fi egoist cu timpul tău. Îmi amintesc cum o dată, pe vremea când încercam să avem un copil, am avut ideea de a angaja o dădacă. Miss Janine a respins-o. De fapt, chiar s-a supărat, ceea ce se întâmpla rareori. M-am întrebat mirat ce motiv avea să refuze un ajutor, fără să-mi dau seama că o rănea ideea că soţul ei plănuia deja să-şi petreacă timpul departe de un copil pe care nici măcar nu-l avea încă.

Am fost necugetat în multe privinţe, Chika, dacă stau să mă uit în urmă.

Și-apoi ai apărut tu, cu ritmul tău lipsit de grabă. Aveai cinci ani, dar erai foarte curioasă, de parcă paginile vieții tale erau deja scrise și legate într-un manuscris din care dăduseși doar câteva pagini. Dacă vedeai veverițe urcând într-un copac, strigai „veverițe!”, apoi întrebai unde se duceau și dacă ele te vedeau pe tine. Mă întrebai despre cărți. Despre alimente. Despre nori și îngeri. Îți examinai toată garderoba înainte de a te îmbrăca.

– Șosetele alea roșii se potrivesc, sugeram, nerăbdător.

– Cred că le vreau pe cele verzi.

– Se potrivesc și cele verzi.

– Nu, stai, stai. Alea albastre.

Pentru că nu ne-ai lăsat de ales, a trebuit să ne încetinim ritmul pentru a-l urma pe-al tău. Ne-am făcut mici ca să vedem ce vedeau ochii tăi. Te găseam adesea stând pe podea, lângă fereastra din spate, studiind curtea. Mi-aminteai de Morrie, fostul meu profesor. Odată a arătat cu degetul spre o fereastră și mi-a spus că, din cauza bolii, el o putea aprecia mai mult decât mine, pentru că era ocheanul său către lume, pe când, pentru mine, nu era decât un geam.

Și tu apreciai fereastra mai mult decât mine, Chika, și toate lucrurile uimitoare care se aflau dincolo de ea. Pentru a mă putea minuna alături de tine, a trebui să reduc viteza, să pun frână vieții mele, să refuz invitațiile la cină în oraș, deoarece coincideau cu ora ta de somn, să întârzii proiecte pentru că trebuia să merg cu tine pe undeva, să găsesc tot timpul scuze pentru proiectele întârziate în fața șefilor mei și a editorilor.

Dar am făcut-o. La fel și miss Janine. Ne-am trezit studiindu-te încontinuu, din ce în ce mai fascinați. Ne înghionteam când băteai din palme la un film sau când dansai în jurul mesei fără să știi că te vedeam. Când ațipeai la mine în brațe, te țineam așa multă vreme, în timp ce miss Janine te mângâia pe cap. Nici nu știu câte ore am petrecut pur și simplu uitându-ne la tine, Chika, dar au fost multe și nespus de prețioase.

Înainte să vii la noi, ne uitam la televizor în pat, adormind adesea cu el aprins. După sosirea ta, am început să stingem toate luminile și să mergem în vârful picioarelor prin casă. Adesea ne trezeai în toiul nopții.

– Nenea Miiitch!

– Hmm?

– Trebuie să fac pipi.

Te duceam la baie și rămâneam în prag, căscând și așteptând să termini. Apoi auzeam cum trăgeai apa, te ajutam să te speli pe mâini, te conduceam înapoi în pat, care era drăguț și scund, ca să te poți strecura ușor în el.

– E bine? mă întreba în șoaptă miss Janine când mă strecuram la loc lângă ea.

– E bine, mormăiam închizând ochii. E bine.

Chika, să știi că cel mai prețios cadou pe care îl poți face cuiva este timpul tău, pentru că n-ai cum să-l iei înapoi. Și dacă nu simți nevoia să-l iei înapoi, atunci l-ai dăruit din dragoste.

Iar eu am învățat asta de la tine.

Apropo de patul tău. Poate sună amuzant, dar când ai venit pentru prima dată la noi, n-am știut unde să te punem. Nu prea avuseserăm timp să ne organizăm. Casa noastră, în care trăiam de aproape douăzeci și cinci de ani, fusese gândită pentru două persoane. Camerele de oaspeţi se aflau la parter. Nu te puteam lăsa aşa departe de noi. Dar erai cam măricică pentru un pătuţ.

Până la urmă am cumpărat o saltea gonflabilă de două locuri, am acoperit-o cu aşternuturi cu imagini din *Frozen* şi pături colorate şi am aşezat-o lângă patul nostru. În prima noapte când ai dormit cu noi am uitat că salteaua era acolo. M-am trezit să mă duc la baie, m-am împiedicat şi am căzut ca un bolovan pe podea.

Dar m-am obişnuit, până la urmă. Număram în întuneric patru paşi în plus înainte să o iau la stânga şi invers, când mă întorceam. Mă obişnuisem să stau aplecat deasupra ta, pe poate părţile, privindu-ţi silueta micuţă întinsă între perne şi ascultând respiraţia ta uşoară, atât de diferită de a mea.

Ţi-aduci aminte ziua când m-am întors acasă şi v-am găsit pe tine şi pe miss Janine râzând ca două ştrengăriţe? Şi miss Janine a zis:

– Chika, cum face nenea Mitch când doarme?

Iar tu ai scos un sforăit lung, ca de leu care încearcă să vomite un ghemotoc de păr.

Am rânjit prosteşte şi am zis:

– Minunat, încă o pereche de urechi foarte atente!

Mă rog, chiar aşa era. Încă o pereche de urechi, încă o pereche de ochi, de picioare şi de braţe şi un al doilea pat de ocolit ca să nu mă împiedic. Timpul a schimbat o multitudine de lucruri.

A schimbat spaţiul.

După venirea ta, Chika, ne-am transformat dintr-un cuplu într-un trio. În maşină nu mai stăteam eu şi miss Janine în faţă, ci tu şi ea în spate, iar eu în faţă, şoferul vostru personal. Masa de două persoane a devenit o masă de patru. Trebuia să decidem cine stătea lângă tine şi cine îţi tăia mâncarea. A trebuit să ne extindem în toate modurile, ceea ce, curând, avea să devină normalitate.

Dintr-odată, totul era trei. Trei locuri la film. Trei locuri în magazinul de pantofi, în sala de aşteptare sau la dentist.

Şi trei locuri într-o dimineaţă de luni, la Beaumont Hospital radiation clinic[11] din Royal Oak, Michigan, când o asistentă medicală a ieşit şi a întrebat dacă erai pregătită să primeşti o „cască specială”, iar tu ai ridicat din umeri şi ai spus „bine”. Am stat împreună şi am mers împreună, ţinându-ne de mâini, unu, doi, trei, pe un hol lung, în direcţia câmpului de luptă.

[11] Clinica de radioterapie de la Spitalul Beaumont. (n. tr.)

Este iulie 2015 și o căldură sufocantă. Prima mea călătorie înapoi la misiune de când a plecat Chika. Este singura, dintre toți copiii noștri, care a venit vreodată în America. Nici n-am apucat să trec de poartă că, în treizeci de secunde, eram înconjurat de toți copiii; m-au asaltat cu întrebări.

– Chika trăiește cu voi?

– Chika doarme la voi acasă?

– Chika are camera ei?

– Chika are cățel?

Apoi m-au întrebat când se întoarce Chika. Îmi spun că au grijă de patul ei, să nu doarmă nimeni în el.

A doua zi agăț pe peretele biroului de la școală un desen făcut de Chika. Pe desen scrie: „Bună tuturor. Eu mă joc și mă distrez. Cu dragoste, Chika. P.S. Mi-e dor de voi".

Copiii se holbează la foaia de hârtie. Chika este diferită de ei acum, dincolo de porțile orfelinatului, în grija mea. Una dintre fetele noastre mă întreabă dacă poate veni și ea în America. Îi răspund că deocamdată nu.

– Dar de ce? întreabă ea. Nici eu nu am mamă.

Noi

– Nenea Mitch?

Hmm?

– De ce ai păstrat asta?

Chika întinde mâna printre un capsator, căni de cafea, elastice, o cutie de șervețele (biroul meu arată ca un coș cu obiecte la reducere de la Office Depot) și ridică o ramă în care se află un chestionar pe care îl completase în Haiti cu doar două săptămâni înainte de a veni în Statele Unite.

În câmpul pentru nume scrisese „5". În cel pentru vârstă scrisese „Chika".

Iar mai jos, unde scria „Completează propoziția: „Când o să mă fac mare vreau să fiu _________", ea scrisese un singur cuvânt: MARE.

– De ce ai păstrat asta? repetă Chika.

Ce să-i răspund? Că am ținut-o pentru că înainte ne făcea să râdem? Că acum o ținem pentru că ne face să plângem? Pentru că stau și mă uit la el și mă cert cu Dumnezeu că nu a permis să se împlinească o dorință atât de simplă?

Când o să mă fac mare vreau să fiu... MARE.

Nu ştiu, Chika. Sunt unele lucruri pe care nu-ţi vine să le arunci.

– M-am făcut mare, spune ea.

Când?

Îşi dă ochii peste cap.

– Nu-ţi aduci AMINTE??

Îşi umflă obrajii cu aer, de parcă ar fi umflat un balon.

Îmi dau scaunul înapoi.

Îmi amintesc, răspund.

Dexametazona este un corticosteroid utilizat în tratarea inflamaţiei. Chika a început să o ia, pastile mici înghiţite cu suc de mere, încă dinainte de radioterapie. Ca jurnalist sportiv, am acoperit şi subiecte precum atleţi care folosesc steroizi pentru a face muşchi şi, când i-am auzit prima dată pe doctori vorbind despre medicamente precum „Dec”, după numele firmei producătoare, Decadron, („Ce doză de Dec ia?”, „Am putea mări doza de Dec”), mi s-a părut că vorbeau despre sportivi. Jucătorii de fotbal care iau steroizi folosesc sintagma „a te face mare”. Şi, într-adevăr, Chika s-a făcut mare, dar nu ca un sportiv.

Steroizii micşorau ţesutul din jurul tumorii, dar inflamau tot restul. Pofta ei de mâncare a devenit vorace. A trecut de la o banană la micul dejun la trei ouă, cereale, struguri şi două felii de pâine prăjită cu unt de arahide. [illegible] mânca exact cât mine. Încercam să nu-i dăm de mâncare alimente nesănătoase pentru a-i potoli apetitul accentuat, dar foamea ei nu avea discernământ. Era în stare să mănânce două porţii de somon. Varză de Bruxelles. Salată Caesar. Dacă mă vedea mâncând ceva, mă întreba cu voce tare:

– Nenea Mitch, ce-i aiaaa?

Iar eu răspundeam:

– Este sandvici cu curcan.

Ea privea în altă parte și murmura:

– Ce n-aș da să am și eu un sandvici cu curcan!...

După două luni pe steroizi, Chika nu mai era Chika. Făcuse gușă și niște fălcuțe ca de veveriță care adună nuci. Am aflat că există un termen medical pentru acest fenomen, se numește obezitate *faciotronculară* sau față rotundă (cu aspect de lună plină); îmi făceam griji în legătură cu ce i-ar putea spune ceilalți copii Chikăi. Brațele și picioarele i se umpluseră de gropițe, iar burtica îi crescuse vizibil. De la douăzeci și două de kilograme, a ajuns la peste treizeci și trei.

Dar nimic din toate acestea nu i-a diminuat bucuria. Zâmbetul său rămăsese la fel de strălucitor, numai că, în loc să i se întindă pe tot chipul, rămânea blocat între obrajii rotunzi. Gura și ochiul rămăseseră ușor căzuți și încă șchiopăta cu piciorul stâng, dar doctorii ne-au spus că toate aceste lucruri se puteau îmbunătăți dacă funcționa radioterapia.

Am învățat că, în ciuda complexității creierului uman, era suficient ca un monstru precum DIPG-ul să apese anumite locuri dintr-un anumit lob și bam!, îți cobora un ochi, ți se împleticea un picior sau limba în gură. Simptomele dispăreau dacă diminuai această presiune. Parcă ar fi fost vorba despre mașinării. Sau despre un fel de formulă magică de susurat tumorii: „abracadabra, dispari tumoare!" și totul revenea la normal.

Radioterapia avea exact acest scop: un fascicul de particule subatomice, bine ţintit şi la fel de distructiv ca o bombă. De cinci ori pe săptămână, dimineaţă de dimineaţă, Chika era băgată într-un aparat masiv, cu capul blocat într-o cască, obligată să privească drept în faţă, într-un cilindru. Asistentele care o pregăteau erau foarte optimiste:

– Chika, eşti incredibilă! O adevărată vedetă!

Iar eu mă gândeam ce-i putea trece prin minte săracei „vedete" când asistentele părăseau camera înainte de a porni maşinăria.

În total a făcut şase săptămâni de terapie. Ca să fie mai amuzant totul, o lăsam pe ea să semneze la sosire sau să aleagă muzica de ascultat în timpul sesiunii. Dar corpul Chikăi a plătit un preţ. Părul din spatele urechii drepte a dispărut, pentru că radiaţiile distrug atât celulele sănătoase, cât şi pe cele canceroase, mai ales pe cele cu creştere rapidă precum celulele ciliate. Uneori, noaptea, transpira şi se zvârcolea în pat strigând în creolă *Doktè! Doktè!*

Însă, cu timpul, tumoarea s-a diminuat semnificativ, chiar mai mult decât speraserăm. Medicul său oncolog radiolog, Dr. Peter Chen, ne-a arătat imagini pe nişte monitoare mari cu scanările de la RMN.

– Vedeţi asta? Aşa era când a venit la noi. Ia uitaţi acum.

La începutul toamnei, când am dus-o la o fabrică de cidru să hrănească raţe şi să guste nişte plăcintă cu mere, tumoarea Chikăi se retrăsese cu douăzeci şi cinci la sută.

Douăzeci şi cinci la sută?

– Poate chiar treizeci, a spus doctorul Chen.

Vestea ne-a dat putere. Cu bâta care-i purta inițialele, Chika reușise să bată o triplă[12].

– O să învingă boala asta, mi-a spus Janine. De ce n-ar fi ea prima care reușește?

Cu trecerea timpului, Chika are din ce în ce mai multe hăinuțe. Unele cumpărate de noi, altele primite de la prietenii noștri. Îi place să se aranjeze. Cu cât e mai împodobită, cu atât mai bine. Umblă prin casă cu pantofii cu toc ai lui Janine în picioare. Își pune la gât toate mărgelele pe care le găsește. Și două pălării pe cap.

– Ce-i mai place să se împopoțoneze! glumește Janine.

– Stai așa, îi spun într-o zi când ne pregăteam să ieșim. Ai ceva pe față.

– Ce? face ea.

Iau un șervețel și o șterg în jurul gurii.

– Ești udă. Cu ce te-ai udat?

– Nenea Mitch! dă exasperată din brațe. Ăla e luciul meu de buze!!

---

[12] În baseball, o triplă sau 3D este o lovitură obținută de jucătorul care bate mingea și ajunge la a treia bază, cucerind-o. Este considerată cea mai bună și mai spectaculoasă lovitură. (n. tr.)

Noi

Chika apare din nou la sfârşitul verii. Trecusem de la pantaloni scurţi la pantaloni lungi şi oprisem ventilatoarele fixate în tavan. Chikăi i-a plăcut dintotdeauna biroul meu. Când intra, îşi ridica ochii spre raftul înalt cu cărţi. Ştia că veneam aici să scriu şi că aveam nevoie de linişte. Cred că faptul că o lăsam să intre aici o făcea să se simtă specială.

Când soseşte de data asta, mă bate pe umăr din spate, făcându-mă să sar din scaun.

Râde în hohote.

– Ce faci? mă-ntreabă.

Scriu.

– Despre mine?

Aşa cum mi-ai cerut.

– Hmm.

Se învârte până la pianul din spatele nostru.

– Hai să cântăm ceva.

Am avut dintotdeauna pian în birou, de pe vremea când eram muzician. Chiar şi acum, când rătăcesc prin desişurile scrisului, apelez la pian să-mi regăsesc calea înapoi. Chika începe să apese pe clape, cântând acelaşi *ne-cântec*, ca atunci când trăia.

– Nu apăsa tare pe clape, o certam.

Apoi, într-o zi, am dus-o în vizită la un prieten, un cântăreț de jazz; a ascultat-o calm în timp ce se juca pe clape, apoi s-a aplecat deasupra ei și a cântat câteva note joase cu mâna stângă și niște acorduri cu dreapta, acompaniind *ne-cântecul* ei. A fost ultima dată când i-am spus Chikăi ce să cânte. Totul în această lume este muzică dacă ai urechi să o auzi. Înălțați sunet de bucurie, spune psalmul.

Ne-am așezat și am cântat „Jingle Bells". Cântecele de Crăciun erau bine-venite mereu, chiar și vara. Îi cânt *Dashing through the snow, in a one-horse open sleigh, over fields we go...* [13]

– *Through the fields* [14], mă corectează ea.

Through the fields?

– Mda.

Nu „over" fields?

– Nu, ascultă-mă.

Și începe să cânte: *Dashing through the snow, in a one-horse open sleigh, through the fields we go...*

Încep să cânt cu ea, dar îmi acoperă gura cu palma și încheie cu *laughing all the way, ha-ha-HA!* [15]

Așa trebuie cântat? o întreb zâmbind.

Rânjește la mine.

Aproape de fiecare dată când cântam, Chika îmi acoperea gura cu palma. Era un semn clar că trebuia

---

13 „Traversăm peste câmpii, prin zăpada mare, într-o sanie deschisă trasă de un singur cal..." (în original, în lb. engleză) (n. tr.)

14 „Prin câmpii" (în original, în lb. engleză) (n. tr.)

15 „Râzând tot drumul" (în original, în lb. engleză) (n. tr.)

să fie un act solo. Mă făcea să râd pe atunci. Mă face să râd și acum.

– Nenea Mitch? De ce ai scris cuvintele alea?

Care cuvinte?

Se dă jos de pe scaunul pianului și vine la birou. Arată cu degetul spre caietul galben, indicând numărul trei de pe listă.

– Alea, spune ea.

A treia lecție

MINUNEAZĂ-TE!

O dată te-am dus la Disneyland, Chika. Ți-aduci aminte? După ce ai terminat radioterapia. Te-ai plimbat prin Castelul Frumoasei Adormite, cel care apare la începutul fiecărui film Disney.

– Chiar există? întrebai.

Iar noi răspundeam că da și că te vom duce să-l vezi într-o bună zi. Într-o noapte, după ce te-am băgat în pat, eu și miss Janine ne-am uitat la locul lipsit de păr de pe ceafa ta. Fruntea îți era transpirată.

– Ce mai așteptăm?! ne-am spus unul celuilalt.

Am făcut rezervările. Și-am luat avionul spre California. Am luat bilete de intrare pentru o zi din timpul săptămânii, sperând să nu găsim prea multă aglomerație, și am ajuns acolo înainte ca parcul să se deschidă.

Ce-mi amintesc cel mai bine este primul lucru pe care l-ai făcut. Am intrat pe Strada Principală, trecând prin fața magazinelor de suvenire. Caruselele erau în față și mă întrebam care va fi primul care te va face să strigi „putem să ne dăm în *ăla*?!"

Am trecut pe lângă un mic iaz. În dreapta ta era un *Astro Orbiter*, în stânga *Thunder Mountain*, iar Castelul Frumoasei Adormite exact în faţă. În schimb, tu ai arătat cu degetul spre iaz şi ai zis:

– Ia uite! O raţă!

Şi-ai alergat după ea, chicotind frenetic:

– Raţăăă! Raţăăă!

M-am uitat la miss Janine. Şi ea zâmbea. În ciuda tuturor atracţiilor din parcul de distracţie, tu te-ai minunat de o altă fiinţă vie.

Dacă primele cuvinte pe care un copil le spune sunt „mama" sau „tata", următoarele ar trebui să fie „ia uite!". Cel puţin aşa mi s-a părut. Unchi fiind, mi-am văzut de nenumărate ori nepoţii şi nepoatele ridicând foi cu mâzgăliturl şi zicând:

– Mami, ia uite!

Sau pregătindu-se să sară în piscină şi exclamând:

– Tati, ia uită-te!

Sau luând o jucărie dintr-un magazin şi spunând:

– Ia uite, unchiule Mitch!

Ca orice rudă supusă, dădeam din cap şi exclamam „foooarte frumos!" sau „incredibil!".

Dar trebuie să mărturisesc că nu simţeam nimic. Pentru mine nu era niciodată la fel de fascinant pe cât era pentru ei.

Apoi ai apărut tu, Chika. Şi poate pentru că acum sunt mai matur, sau poate pentru că ochii tăi vedeau lucruri pe care eu nu eram în stare să le văd, sau poate, pur şi simplu, pentru că erai copilul meu, ceva s-a schimbat. Am început să cobor la înălţimea ta şi să văd micile miracole aşa cum le vedeai tu. Răţuşte alergând. Broaşte ascunzându-se prin frunziş. O frunză luată de vânt exact când tu încercai să o ridici de pe jos. Unul dintre cele mai bune lucruri pe care un copil le face pentru un adult este să-l coboare înapoi, mai aproape de pământ, acolo unde se aude glasul acestuia.

Iar tu ai făcut asta pentru mine, Chika. Ne îngropam în frunze. Studiam furnicile pe caldarâm. Ne rostogoleam prin zăpadă – ce te-ai mai minunat când ai văzut-o pentru prima dată! – şi am făcut împreună primul tău om de zăpadă. Mi-ai pus sub ochi o lupă sau un telescop de jucărie, şi prin acele lentile am reuşit să mă minunez de lumea aceasta aşa cum o făceai tu. Erai un antidot imbatabil împotriva grijilor de adult.

Tot ce trebuia să spui era „ia uite!".

Ia uite! Este una dintre cele mai scurte propoziţii din limba engleză. Numai că adulţii nu se uită cu adevărat, Chika. Nu o fac. Vedem *prin* lucruri. Aruncăm o privire. Şi ne vedem de ale noastre.

Dar tu te uitai. Ochii îţi sclipeau de curiozitate. Prindeai licurici şi mă întrebai dacă funcţionează cu baterii. Dezgropai un bănuţ şi mă întrebai dacă era „o comoară". Şi, fără să ţi se spună, ştiai că descoperirile trebuiau să fie împărtăşite.

– *Tu* miroase, obişnuiai să spui ţinând în mână o floare parfumată.

– *Tu* mănâncă, obişnuiai să spui cu o bucată de ciocolată în mână.

Iar eu făceam ce-mi spuneai. Îţi urmam exemplul. Alergam după tine, patinând pe gheaţă. Călăream căluţii din carusel în spatele tău. Mă aruncam în piscină cu tine, ţi-aduci aminte? Inventaseşi un joc: o margine a piscinei era America și cea opusă era Haiti. Înotai între ele, aducând orez și boabe de fasole, și spuneai:

– Poftim! Mănâncă-le! Mmm, ce bune sunt!

Nu știu de unde îți venise ideea asta, nici de ce te făcea să te prăpădești de râs. Dar înotam după tine de la o țară la alta, agățându-mă de imaginația ta.

Copiii au capacitatea de a se minuna de lume. Iar părinții pe aceea de a se minuna de felul în care se minunează copiii lor. Și, astfel, devenim din nou cu toții tineri.

Asta m-ai învățat tu, Chika. Sau ai reaprins farul acela care ne face să ne minunăm, dacă acesta există undeva în noi. Niciuna dintre aventurile tale nu părea atinsă de timp: strecuratul sub masă într-o misiune secretă, aranjatul ceșcuțelor de ceai pe o măsuță imaginară, astfel încât aproape au șters urgența care-ți atârna deasupra capului ca o spadă.

Dar receptorii mei de copil-adult nu puteau ignora această urgență.

Succesul relativ al radioterapiei ne-a umplut de speranță, dar ți-a umplut și buzele și ți-a rearanjat ochiul stâng mai aproape de locul său, într-o simetrie aproape normală. Ți s-a ameliorat și mersul. Alergai și dansai. Vara trecuse, iar tu erai mai bine. Asta înseamnă progres, nu?

Cu toate acestea, doctorii ne avertizaseră că putea fi vorba despre o simplă perioadă mai bună și că monstrul din creierul tău dormita, dar nu dispăruse, ca un vulcan care-și adună puterile.

Fii vigilent, îmi spuneam. *Nu te culca pe o ureche.*

S-a întâmplat, dintre toate momentele posibile, la un meci de fotbal din liga universitară; era mijlocul lunii septembrie şi mă aflam pe stadionul impunător al Universităţii Michigan, numit în mod afectuos *Casa Mare*.

În sâmbăta aceea erau prezenţi peste o sută de mii de oameni; cocoţat în cabina presei, unde mă aflam pentru a scrie un reportaj sportiv, privind în jos, am văzut intrând pe gazon o familie. Crainicul anunţa: „Chad Carr se alătură căpitanilor pentru aruncarea monedei. Gândurile noastre de bine şi rugăciunile noastre se îndreaptă către familia Carr".

Am înghiţit cu greu. Familia Carr, adică Lloyd Carr, fostul antrenor al echipei de fotbal Michigan, pe care îl cunoşteam foarte bine, Jason, fiul său, soţia lui Jason, Tammi, şi cei trei copii ai lor, inclusiv mezinul, Chad, despre care vorbise crainicul şi care avea patru ani.

Chad Carr, ca şi tine, Chika, suferea de DIPG.

L-am privit în timp ce era adus pe teren, apatic, în braţele tatălui său, un copil frumos cu un ciuf de păr blond. Lupta sa cu boala devenise faimoasă în Michigan, era subiectul ştirilor şi articolelor sportive de la televizor. Vorbisem cu Tammi de mai multe ori. Ea mi-a povestit tot ce ştia despre boală, m-a prezentat unui grup de familii care luptau cu povârnişurile DIPG-ului, în toată lumea, informându-se reciproc în legătură cu drumurile de ales şi cele de evitat şi, uneori, cu durere, despre cei care pierduseră lupta. Toate aceste familii împărtăşeau o speranţă pe care cei dinafară nu o aveau, îşi telefonau noaptea şi chiar la sfârşit de săptămână. Dar pentru că nu exista un istoric care să indice o cale de a învinge această boală, fiecare dintre ei, la un moment dat, trebuia să facă o alegere, fără nicio asigurare că va funcţiona.

Era partea din conversaţie de care mă temeam cel mai mult.

– Deci, ce te-ai gândit să faci?

Mă simţeam ca în filmele acelea despre dezastre, în care un grup decidea să urce pe acoperiş, altul să coboare scările, iar tu ştiai bine că nu va supravieţui decât unul din ele.

Gândurile noastre de bine şi rugăciunile noastre se îndreaptă către familia Carr. Cum adică? Chad avusese un regres? Ştiam că părinţii lui încercau totul. Trecuseră douăsprezece luni de când fusese diagnosticat. Şi doar patru de când fuseseşi diagnosticată tu, Chika.

Doar o perioadă mai bună. Dormitează, dar nu a dispărut. N-am uitat avertismentele medicilor. Când am ajuns acasă în ziua aceea erai la masă cu miss Janine.

– Nenea Mitch, noi mâncăm peşte roz! ai strigat.

Adică somon. Am tras-o deoparte pe Janine.

– Chika are o zi bună, mi-a spus ea.

– Văd.

M-a privit în ochi.

– Ce s-a întâmplat?

Am ezitat.

Probabil nu va dura, am zis. Trebuie să continuăm tratamentele.

Într-o seară, Janine îi citeşte Chikăi o carte despre poveşti cu legume. Vorbeşte despre credinţa în Dumnezeu.

– Dumnezeu are puteri? întreabă Chika.

– Da, îi răspundem noi.

– Şi este curajos?

– Da.

– Protejează caii?

Habar n-aveam de unde îi venise ideea asta.

– Dumnezeu protejează totul, răspundem noi.

– Dumnezeu a creat toată lumea asta mare, spune ea pe un ton îngânat, de parcă ar fi cântat, şi universitatea!

– Adică universul?

– Mă rog, da, universul. Cum vrei tu să zici.

Eu

Mulţi dintre colegii mei de şcoală au devenit medici. Mi-amintesc că l-am vizitat pe unul dintre ei în anii '80, când SIDA era galopantă. Am spus ceva despre cât de imbatabilă părea a fi această boală.

– Se va găsi un tratament pentru SIDA mai repede decât unul pentru cancer, a zis prietenul meu.

M-a şocat. Câţiva ani mai târziu, când Morrie m-a învăţat toate acele lucruri despre ce însemna SLA, am auzit ceva asemănător.

– Se va găsi un tratament pentru SLA înaintea unuia pentru cancer.

Cancerul a atârnat deasupra mea ca un nor negru de când mă ştiam, impenetrabil şi imperios. Unchiul meu a murit sub ochii mei de cancer la pancreas. Avea patruzeci şi patru de ani, iar eu douăzeci şi unu. Fratele meu a dus o luptă lungă cu cancerul de când avea douăzeci şi nouă de ani. Sora lui Janine, Debbie, s-a luptat timp de cincisprezece ani cu un cancer de sân, înainte de a ceda, învinsă. Am îngropat-o la cincizeci şi şase de ani.

Dar un copil? O tumoare cerebrală de gradul IV? Pentru o astfel de luptă nu eram pregătit. Prin urmare, m-am autoeducat şi-am căscat bine ochii.

Ceea ce adesea mă umplea de furie. Cunoşteam deja avantajele imense pe care le aducea chimioterapia şi cum aceste avantaje conduceau la promovarea acestui tip de tratament: când pacienţii sugerau altă abordare, medicii deveneau condescendenţi, etichetând alternativele ca fiind riscante, lipsite de dovezi, chiar şarlatanie.

Nici eu, nici Janine nu eram medici. Dar un lucru ştiam sigur: nu exista nicio dovadă că DIPG-ul putea fi învins prin chimioterapie.

Trebuia să găsim o cale nouă de urmat.

– Ştiai, mi-a spus un doctor pe nume Mark Souweidane în timpul unei vizite la spitalul Memorial Sloan Kettering din New York, că atunci când aplicăm chimio la o tumoare pe creier de gradul IV, doar trei la sută din tratament ajunge, de fapt, la creier? Există o barieră sânge/creier, o membrană, care este foarte selectivă cu ce lasă să treacă dincolo de ea. Trei la sută. Restul rămâne în sânge.

A fost revelator pentru mine şi un argument puternic împotriva chimioterapiei convenţionale. De ce să încerci să baţi un cui trăgând săgeţi cu arcul?

Soweidane, un om înalt, grijuliu, cu părul foarte scurt, era hotărât să găsească o cale mai bună. Crescuse în Michigan şi avea o înclinaţie înnăscută pentru a repara lucrurile. Încă de la începutul carierei sale a lucrat pe DIPG. A crezut că va rezolva problema „în doi ani".

Douăzeci şi cinci de ani mai târziu, încă ticluia un plan de luptă. Începuse un studiu clinic pe ceva numit „livrare crescută prin convecţie" (CED). Pe scurt, CED ajungea mult mai aproape de problemă prin plasarea unui tub în tulpina creierului, prin care erau administrate direct medicamente care să ucidă tumoarea.

Abordarea era riscantă. Întotdeauna este riscant când trebuie să bagi ceva direct în creier. Și, fiind în stadiul de studiu, erau necesare tot felul de documente odată ce erai de acord să faci parte din el, multe drumuri înapoi la Sloan Kettering pentru vizite de control. Și nicio garanție.

Dar era vorba despre un medic plin de compasiune, dedicat studiului DIPG, iar Chika se califica pentru a face parte din studiul său. Dacă eram pregătiți să apucăm această cale și dacă, așa cum a spus Janine, „de ce să nu fie ea prima care reușește?”, atunci trebuia să creăm noi înșine un drum nou.

Am rezervat o cameră la hotel.

Am făcut bagajul.

Am zburat la New York.

Ne aflăm toţi trei în maşină. Eu conduc. Janine şi Chika stau în spate.

Chika începe să cânte.

– Doe, a deer, a email deer... [16]

– Este „female”, scumpo, spune Janine.

Chika se opreşte.

– Ce?

– A „female” deer. Nu „an email deer”. Female înseamnă „fată”. Aşa sunt versurile.

Chika stă şi cântăreşte informaţia. Își încrucişează braţele.

– Nu!

– Nu?

– E gura mea și zic ce vreau cu ea!

---

[16] „Doe, o căprioară, o căprioară email...” (în original, în lb. engleză) (n. tr.)

Tu

Vreau să scriu despre vocea ta, Chika, pentru că mă gândesc adesea la ea și o aud tot timpul.

Fiecare copil are o trăsătură aparte când îl cunoști. *Copilul cu păr lung și cârlionțat. Copilul cu râsul ciudat.* La tine era vocea. Vocea ta te descria perfect. Era schimbătoare, ca un cameleon. Ascuțită și puternică ziua. Cadențată și tandră noaptea. Glaspapir fin dimineața, așa de răgușită, încât eu și miss Janine glumeam pe ascuns:

– S-o fi apucat de fumat?!

Un „daaa" tărăgănat când erai de acord cu noi și nu prea, un DE CE? ca un bubuit de tun când nu obțineai ce voiai. Un șoptit de zână când spuneai „îmi pare rău" și un strigăt de păun când câștigai la vreun joc. (Mi-amintesc când jucam *X și O* și cum, foarte bucuroasă, îmi făceai „adio și n-am cuvinte!" când câștigai. Râdea de mine un copil de cinci ani!)

Vocea ta era făcută pentru muzică, Chika, aveai extensie și, de multe ori, cântai încet pentru tine, seara; dar când voiai tu, te transformai în Ethel Merman.[17] Odată, miss Janine te ajuta să-ți pui cămășuța de

[17] Actriță și cântăreață cunoscută pentru vocea sa puternică. (n .tr.)

noapte şi-n timp ce-ţi căutai mânecile cu mâinile cântai „L-O-V-E" a lui Nat King Cole; auziseşi melodia în filmul *The Parent Trap*[18]. Când ai ajuns la versul final, care spune „love was meant for me and YOUUUUU"[19], ţi-ai deschis larg braţele şi ţi-ai dat capul pe spate, de parcă te-ar fi aplaudat o întreagă sală de spectatori. Cu câtă bucurie ai cântat!

Vocea ta era ca o giruetă, ne spunea dincotro bătea vântul tău. Când am zburat cu avionul la New York, ai fost extrem de vorbăreaţă: mi-ai pus multe întrebări, ai amuzat-o pe asistenta de zbor şi ai numărat invers, de la douăzeci până la unu, până când avionul a atins pista. Când ne-am ridicat să coborâm din avion, un bărbat care stătuse în spatele nostru a spus:

– Mă scuzaţi, voiam să vă spun că fiica dumneavoastră are o voce deosebit de frumoasă.

M-am emoţionat. M-am asigurat că-i mulţumeşti pentru compliment; ca să nu mai zic ce efect au avut asupra mea cuvintele „fiica dumneavoastră"!

Se spune că ochii sunt oglinda sufletului, Chika, dar vocea ta era ecoul sufletului şi ne lipseşte în fiecare zi. Exprima tot ce eşti tu, sau ce erai, sau încă eşti pe undeva, când nu te afli aici, cu mine, rostogolindu-te pe covorul maro.

---

[18] *Capcană pentru părinţi* (1998). (n. tr.)

[19] „Dragostea a fost inventată pentru noi doi" (în original, în lb. engleză) (n. tr.)

Noi

– Nenea Mitch?

Da.

– Nu prea mi-a plăcut la New York.

L-ai urât. Aşa mi-ai spus.

– Acum nu mai urăsc nimic.

Se rostogoleşte pe spate.

La început ţi-a plăcut totuşi.

– Mi-a plăcut magazinul mare de jucării.

Sunt sigur.

– Dar nu la spital.

Oamenilor nu prea le place la spital, în general.

– De ce m-ai dus acolo?

La New York?

– Aham.

Îmi dau scaunul înapoi. Stau pe gânduri un moment.

Speranţă, zic. Înţelegi ce vreau să spun? Speranţă? E un motiv bun să faci ceva?

– Mda, oftează, rostogolindu-se pe burtă. E un motiv bun.

La vremea când am plecat spre New York, Chika se obişnuise deja cu zborul cu avionul. Întindea propriul bilet angajaţilor de la TSA. Trecea de detectorul de metal cu tenişii ei cu luminiţe. Cerea adesea la baie şi, dacă mergeam fără Janine, o duceam la baia femeilor şi o aşteptam cuminte afară, cu ochii pe ceas. O dată a stat în baie cam mult. Începusem să-mi fac griji. O doamnă de vârstă mijlocie cu o haină lungă m-a văzut mişcându-mă neliniştit de pe un picior pe celălalt şi mi-a zis:

– Vă pot ajuta cu ceva?

I-am explicat situaţia şi ea, foarte amabilă, a intrat în baie, întrebând cu voce tare:

– E vreo Chika pe aici?

Pauză lungă.

– Cine mă cheamă?

Mi-am reţinut un zâmbet.

– Te aşteaptă un domn afară, a spus femeia.

– Ştiu, ştiu! a răcnit Chika. E nenea Mitch.

Când a ieşit, şi-a pus mânuţa încă umedă de la spălat într-a mea.

– Am făcut caca, a zis şi ne-am îndepărtat.

Citind aceste cuvinte, îmi dau seama că uneori personalitatea Chikăi ne făcea să uităm cu uşurinţă că era bolnavă, mai ales în primul an. Glumea adesea, dansa, avea o energie nemărginită; un observator din afară nu ar fi spus niciodată că era ceva în neregulă cu ea.

Chiar şi atunci când chipul şi corpul i s-au schimbat, se minuna de ea în oglindă şi dădea din şoldurile grăsuţe. Alţi copii ar fi întrebat, probabil, de ce se îngrăşau. Dar Chika avea o stimă de sine de neclintit. Şi nimic din ce-i putea arăta oglinda n-ar fi putut să i-o zdruncine.

Cu toate acestea, anumite cuvinte îmi rămăseseră întipărite în minte. *Doar o perioadă mai bună. Dormitează, dar nu a dispărut.* A fost motivul principal pentru care ne-am dus la New York. Nu voiam să ţinem tumoarea sub control, ci să o eradicăm.

În seara dinaintea procedurii CED la care trebuia să fie supusă Chika, eu şi Janine am dus-o la plimbare prin aglomerata Times Square. Se minuna de monitoarele uriaşe care acopereau mai multe etaje şi de luminile neoanelor. Prin mulţime se plimbau personaje precum Spiderman, Olaf şi Buzz Lightyear, iar ea alerga după ei ca să stea de vorbă. Când am dat să plecăm, unul dintre personaje şi-a scos masca şi a mângâiat-o pe părul transpirat.

– Hei! a chiţăit Chika. E un om în Micky Mouse!

Mai târziu, ne-am dus la magazinul Toys „R" Us, care era imens, se întindea pe patru etaje şi avea înăuntru o mică roată panoramică. Ne-am înghesuit toţi trei într-o cabină roz. Când a început să se mişte, Chika a râs, dar când a început să se ridice, a cuprins-o speriată pe Janine cu braţele, smiorcăindu-se de teamă.

Nici noi nu eram foarte liniştiţi. În acea dimineaţă trebuise să semnez din nou formulare prin care-mi dădeam consimţământul pentru operaţia Chikăi. De data aceasta, printre posibilele riscuri se aflau „paralizia" şi „decesul". Doctorul Soweidane, care era extrem de entuziast în ceea ce privea studiul şi care a utilizat cuvântul *elegant* pentru a descrie ceea ce însemna ştiinţa de a cerceta cancerul, le-a semnat la rândul său.

Apoi mi-a spus că voia să mă întrebe ceva. I-am răspuns că putea să o facă. Era fascinat de ceea ce-i motiva pe oameni, mi-a explicat, şi ar fi dorit să ştie ce mă împinsese pe mine să aleg să fac toate aceste lucruri. Adică să o aduc pe Chika din Haiti, să-i plătesc toate cheltuielile medicale (la început, pentru că nu avea asigurare medicală, a trebuit să plătim totul din buzunarul propriu) şi să explorez diferitele opţiuni, deşi Chika nu era copilul meu.

M-a luat prin surprindere. Nu mă mai întrebase nimeni până atunci „de ce?". Cred că i-am răspuns că nu am considerat-o niciodată o alegere. Şi că nu avea importanţă al cui copil era.

Apoi l-am întrebat la rândul meu:

– De ce unii medici, experţi în domeniu, te sfătuiesc într-un fel când vine vorba despre lupta împotriva cancerului, iar alţii, la fel de experţi, te sfătuiesc altfel?

A pus picior peste picior şi a dat din cap, de parcă răsucisem cheia într-o uşă.

– Adevărul este că nu ştim. Nici măcar în cazul acestui studiu nu sunt sigur că folosesc agentul potrivit. Nimeni nu ştie. Dar nu putem sta cu mâinile încrucişate, aşa cum s-a întâmplat zeci de ani, şi să urmăm aceleaşi proceduri vechi.

În seara aceea, pe când ne pregăteam de culcare în camera noastră de hotel, m-am trezit studiind-o pe Chika, cu gândul la ce putea fi mai rău. Dacă ceva nu avea să meargă cum trebuie? Dacă aceea era ultima noapte în care puteam vorbi cu ea? Doctorul

Souweidane fusese clar: era de ajuns să fie poziţionat greşit cateterul şi fetiţa pe care o ştiam dispărea.

– Nenea Mitch, de ce te uiţi la mine? m-a întrebat Chika în cele din urmă.

Nu-i puteam spune adevărul: că încercam să mi-o imprim în memorie. Că mă gândeam că fuseserăm binecuvântaţi cu cel mai minunat copil, în cele mai oribile circumstanţe. Aşa că am ridicat din umeri şi am mormăit „scuză-mă".

A clătinat din cap, strângându-şi buzele de parcă ar fi mâncat o lămâie invizibilă.

– E OK, a decis. Poţi să te uiţi.

În dimineaţa următoare, Chika a fost dusă cu un cărucior într-o sală de operaţie, pe când soarele abia începuse să se ridice deasupra oraşului New York. Eu şi Janine ne-am găsit nişte scaune în sala de aşteptare şi ne-am petrecut timpul bând cafele călduţe şi luând câte o înghiţitură dintr-un sandvici. Citeam. Ne uitam la ceas. Ne ridicam şi ne plimbam de colo până colo. Procedura CED era asemănătoare cu pregătirea unei călătorii în spaţiu. Era nevoie de mai multe ore pentru a alege modele computerizate care să găsească cea mai bună cale de acces a cateterului. Precizia era extrem de importantă. Nu aveau voie să se grăbească.

Apoi, în sfârşit, spre după-amiază, a apărut doctorul Souweidane, care ne-a spus uşurat că, pentru moment, totul decursese bine. O puteam vizita pe Chika; dormea într-un pat cu rotile. O mare parte din părul de deasupra frunţii îi fusese ras. Din craniu îi ieşea un tub, fixat cu şuruburi. Ni s-a spus că avea să rămână acolo timp de douăsprezece ore, în timp ce un anticorp cu izotopi radioactivi de iod îi picura încet direct în tumoare.

Dată fiind puterea radioactivă a agentului, dacă voiam să ne petrecem noaptea cu Chika, trebuia să dormim în spatele unui perete pe jumătate căptuşit cu plumb, pentru a ne proteja de radiaţii.

A trebuit să folosim şi nişte dispozitive mici care măsurau expunerea la agentul radioactiv. Am fost avertizaţi să nu ne apropiem prea des de ea şi niciodată mai mult de câteva secunde. M-am simţit ca într-o centrală nucleară, iar Chika devenise radioactivă.

Deşi ne încurajaseră să dormim în altă parte, nici eu, nici Janine nu am vrut să o lăsăm singură pe Chika. Dacă ea lupta, luptam şi noi. Aşa că ne-am prăbuşit pe scaunele aflate dincolo de pereţii căptuşiţi cu plumb şi ne-am promis să ne anunţăm dacă vreunul din noi începea să strălucească în întuneric. S-a lăsat noaptea, care a durat o veşnicie.

Patru

Ora de culcare la orfelinatul nostru este imediat după rugăciunile de seară. Copiii se împrăștie și-și târâie picioarele spre propriile dormitoare. Cei mai mici, obosiți de căldura zilei, adorm în brațele dădacelor. Cei mari se învârt și se codesc, căutând orice scuză pentru a mai sta pe-afară. Nu prea au altceva de făcut. Nu au televizor. Nu au calculatoare. Nu au telefoane. Când e pană de curent în oraș, adică în fiecare seară, bâjbâim prin întuneric până când cineva pornește generatorul.

Eu merg din cameră în cameră să spun povești: cu prințese și unicorni celor mai mici sau cu adolescenți cu superputeri celor mai mari. Apoi îi sărut pe fiecare în parte de noapte bună. Din când în când, la cererea vreuneia dintre fetițe, le cânt câte ceva, iar ei fac liniște și mă ascultă atenți. Sunt spectatorii mei cu burtici. Am citit undeva că primul cântec inventat a fost un cântec de leagăn. Oricum ar fi, pe ei îi ajută să adoarmă.

Când Chika a venit în America, am întrebat-o dacă vrea să-i cânt un cântec de leagăn înainte de a stinge lumina. Mi-a zis că da, așa că i-am cântat unul și i l-am cântat din nou a doua seară, și următoarea, și tot așa. A devenit mica noastră rutină. Mă așezam pe pătuțul ei chiar înainte de a adormi, o mângâiam pe cap și-i cântam „Cântec de leagăn" de Brahms. Versurile le-am inventat eu:

Cântec de leagăn și de noapte bună
Mergi la nani acum, micuță Chika,
cântec de leagăn și de noapte bună
Haide în pătucul tău cel mic,

cântec de leagăn şi de noapte bună
Somn uşor, scumpa mea,
cântec de leagăn şi de noapte bună
Alunecă uşor spre tărâmul viselor.

Mă îndoiesc că asculta cuvintele. Adormea. Or asta era tot ce conta. Însă, câteva luni mai târziu, eu şi Janine a trebuit să plecăm din oraş, iar Chika a rămas peste noapte la prietenii noştri, Jeff şi Patty. Târziu, în noaptea aceea, am primit un mesaj video.

„Chika vrea să-ţi spună ceva", mi-a scris Patty.

În camera întunecată, Chika, îmbrăcată în cămăşuţa ei de noapte, privind spre cameră, a început să cânte:

Cântec de leagăn şi de noapte bună,
mergi la nani acum, scumpul meu,
cântec de leagăn şi de noapte bună
Mergi la nani, cum facem noi mereu.

Apoi a adăugat: „Noapte bună, nenea Mitch!" şi mi-a trimis un pupic. Mă bufneşte plânsul chiar şi în ziua de azi când privesc înregistrarea.

Eu

Chika, cred că ar trebui să-ți povestesc de unde vin noțiunile mele despre paternitate.

Tatăl meu a fost un om bun. A trăit până la optzeci și opt de ani. L-ai întâlnit o dată; avea părul alb, era adus de spate și stătea într-un scaun cu rotile. Dar când era mai tânăr arăta exact cum arăt eu acum, deși mustățile sale erau mai groase și-și pieptăna părul pe spate, cum era moda pe atunci.

Îl chema Ira și a crescut în Brooklyn, fiu mijlociu, ca și mine; mai avea o soră și un frate. Tatăl său, bunicul meu, a fost un imigrant polonez; era instalator și l-a învățat pe fiul său să lucreze cu mâinile doar până când avea să-și poată câștiga pâinea lucrând cu mintea. Tata a făcut liceul, apoi facultatea, a intrat în cadrul forțelor aeriene și apoi a devenit contabil. Era un tip retras.

Bunicul era un om tăcut, iar tata a moștenit asta; noi, copiii săi, fratele meu, sora mea și cu mine, am crescut așteptând să se îndeplinească vorbele pe care ni le spunea. Nu-mi aduc aminte să-l fi auzit vreodată stând la taclale. Spunea ce avea de zis și asta era tot. Avea o voce profundă, baritonală (pe vremuri visase să devină cântăreț de operă), care făcea și cea mai simplă remarcă să sune foarte serios. Şi chiar era serios în cea mai mare parte a timpului.

Tata se trezea devreme, îi plăceau cafeaua şi muzica de big band, îi plăcea să-şi citească ziarul, era răbdător, harnic, impecabil de îngrijit. Costumele sale erau întotdeauna bine călcate şi purta mereu cămaşa băgată în pantaloni, chiar şi la sfârşit de săptămână. Ne făcea ouă bătute cu *salami*, preferatele noastre, şi salată de ton alb cu maioneză, pe care-o amesteca atât de bine încât devenea tartinabilă ca untul. Nu a căutat niciodată atenţie. Nu avea niciun hobby care să-l ţină departe de noi. Nu golful. Nu cărţile de joc. Îşi însuşise valorile care-i fuseseră lăsate moştenire: un bărbat trebuie să aibă grijă de propria familie şi să-şi găsească bucuria în a face asta.

Însă, dincolo de eficienţa sa, se afla o aură protectoare, un suflet pe care ceilalţi puteau conta. Când tatăl mamei mele a murit din cauza unui atac de cord, ea avea doar şaisprezece ani, iar tata, care avea numai şaptesprezece ani, a devenit bărbatul în casă. Deşi erau împreună de mai puţin de un an, tata pregătea micul dejun pentru familia mamei mele, se ocupa de treburi după-amiaza şi a devenit, pentru fraţii ei mai mici, un fel de tată. Era o responsabilitate foarte mare pentru cineva care frecventa încă liceul, dar dacă l-ai fi cunoscut pe tata, ai fi zis că i se potrivea. De când mă ştiu, la el apelau ceilalţi pentru un sfat, un ajutor sau bani. Nu s-a eschivat niciodată din faţa vreunei cereri, dar, cu trecerea anilor, m-am întrebat dacă nu i-a lipsit vreodată o tinereţe fără griji. Uneori, viaţa îţi pune o povară în cârcă înainte de a fi pregătit să o duci. Oricum, el nu s-a plâns niciodată.

M-am simţit tot timpul în siguranţă în preajma tatălui meu. Mi-amintesc că o dată, pe când aveam vreo şase ani, ne-am dus să înotăm la lac. Ne duceam acolo în zilele fierbinţi de vară, ca multe alte familii, iar eu porneam înot să explorez, aşa cum fac adesea copiii.

– Nu te îndepărta prea mult, obişnuia să-mi zică tata, dar eu mă îndepărtam până simţeam că ajung în ape străine.

Dintr-odată, un băiat mai mare care se prostea pe-acolo a arătat spre mine şi a zis: „hai toţi pe el!". Nu ştiu ce l-o fi motivat să facă asta sau cât de serioşi erau, dar mi-amintesc că m-am simţit cuprins de panică, extrem de conştient că mă îndepărtasem prea mult de tata. Am înotat cum nu mai înotasem vreodată, dând cu putere din braţe, convins că băieţii aceia aveau să mă prindă de picioare şi să mă tragă în adâncul apei. Am ajuns la tata şi mi-am încolăcit braţele de mijlocul său, gâfâind puternic. Când mi-am aruncat un ochi, băieţii dispăruseră.

Tata de-abia s-a mişcat. Nu m-a întrebat niciodată ce s-a întâmplat. Dar simt şi în ziua de azi siguranţa pe care mi-a dat-o senzaţia braţelor mele ude în jurul mijlocului său. Vreme de mulţi ani, aşa am perceput eu paternitatea, ca un loc unde un copil îşi poate găsi propriul sanctuar. Poate de aceea am preluat orfelinatul. Poate că aşa m-am transformat în tata.

După cum am mai spus, l-ai întâlnit o dată, Chika, când am fost în vizită la el în California, în mica sa casă cu un singur etaj. Ţi-aduci aminte? S-a întâmplat la mai puţin de un an după ce mama mea a murit; moartea ei l-a afectat mai mult decât aş putea explica, mai mult chiar decât accidentul vascular cerebral care l-a lăsat fără glas şi în scaunul cu rotile. Fuseseră căsătoriţi şaizeci şi patru de ani; fără ea, inima i se frânsese. Sperasem că întâlnirea cu tine avea să-l înveselească.

Când am ajuns, am spus:

– Chika, el este tăticul meu.

Tu ezitai, probabil surprinsă că aveam un tată. Însă l-ai îmbrățișat și i-ai zis „Tati". A remarcat bentița ta cu flori și a spus, slăbit:

– Ce frumușică e.

Mai târziu, te-ai așezat pe o canapea în partea cealaltă a camerei și te-ai pus pe glumit cu asistentele care aveau grijă de el. Erai nebunatică și gălăgioasă, iar el s-a întors spre mine și mi-a spus:

– Vorbește mult, nu?

Am încercat să-i amintesc povestea noastră, problemele tale medicale, toate tratamentele pe care le experimentam. Îi povestisem de multe ori la telefon prin ce treceam, dar nu știam cât își amintea. În vremurile de demult, tatăl meu răspundea întotdeauna cu grijă. Spre final, cel mai adesea dădea din umeri. Bătrânețea e un tâlhar.

În timp ce te priveam amândoi cum glumeai cu asistentele, i-am spus că erai cu noi de șase luni deja.

– Habar n-aveam că un copil necesită atâtea eforturi, am zis.

A tușit și s-a îndreptat de spate în scaunul său cu rotile. Nu eram sigur că mă auzise. Apoi, cu un firicel de voce, a spus:

– Asta înseamnă să ai copii.

Moartea tatălui meu m-a lăsat debusolat, Chika, cu un dor nestăpânit și o nevoie imensă de alinare, care nu-și mai găseau ecoul. Îmi lipsea mai mult decât mi-am imaginat. Aceeași senzație o aveau și fratele și sora mea. Îl apreciam şi mai mult acum, deşi se dusese, pentru toate lucrurile pe care le făcuse.

Se spune că la bătrâneţe începi să semeni din ce în ce mai mult cu părinţii tăi. Şi poate că aşa e. Iar dacă am reuşit vreodată să-ţi ofer acelaşi sentiment de siguranţă pe care mi-l dădea mie tata, atunci aş fi fericit. De încercat, am încercat, asta e sigur. Îmi amintesc vremurile când noi doi ne plimbam şi, pe neaşteptate, veneai la mine, mă luai de mână şi-ţi strecurai degetele mici într-ale mele. Mi-ar plăcea să-ţi pot explica ce simţeam atunci, dar nu s-au inventat cuvintele potrivite pentru aşa ceva.

Pot doar să spun că mă simţeam tată, or eu tot ce ştiam despre acest rol îl învăţasem de la omul care m-a crescut, iar restul, de la tine. Poate că nu e o coincidenţă că te-ai întors la mine exact în ziua în care l-am înmormântat. Mă gândesc adesea la asta.

Apropo de bentiţele tale. Aveai foarte multe. În culori pastelate, cu buline, toate cu câte o floare mare, pe care o puneam pe partea stângă pentru a-ţi acoperi locul unde nu mai aveai păr. Ai descoperit locul acela chel din întâmplare, în ziua de după procedura CED de la Sloan Kettering.

Doctorul Souweidane ne-a spus că lucrurile decurseseră bine. Că agentul radioactiv se distribuise în toată tumoarea. Acum trebuia doar să aşteptăm rezultatele. Eu şi miss Janine ne prăbuşiserăm în scaunele de spital. Aveai nevoie să mergi la baie. Miss Janine s-a ridicat încet şi te-a condus, încă pe jumătate adormită.

Dintr-odată, am auzit un ţipăt.

– HEI! Ce s-a întâmplat cu PĂRUL meu?

Uitasem de oglindă.

– HEI, continuai să țipi, HEI, VOI!

Erai mai mult confuză decât supărată. Ți-ai trecut mâna peste scalp și-ai zis că se simțea ciudat. Ți-am dat o căciuliță de lână, care ți-a plăcut foarte mult și pe care ai purtat-o împreună cu pijamalele până am găsit bentițele cu flori, care ți-au plăcut și mai mult. În următoarele câteva luni acesta avea să fie lookul tău oriunde mergeam. Purtai una, două sau chiar trei flori la bentiță, bluze cu volane, pantaloni colorați, haina din blană și încălțări sclipicioase. N-a aflat nimeni, niciodată, de locul fără păr. Nici n-avea cum să afle la cât erai de gătită!

Noi

Au trecut două luni înainte s-o văd din nou pe Chika. Mă uit la fotografii. La videoclipuri. Dar diminețile veneau și treceau și ea nu mă vizita. Nu aveam decât amintirile în format digital ale chipului și vocii ei.

Cu cât scriu mai mult, cu atât mă conving că aparițiile ei sunt doar rodul imaginației mele. Dar dacă este așa, de ce nu o pot chema când doresc? Când încerc, se dovedește la fel de inutil ca a încerca să visezi la comandă.

Trece octombrie. Noiembrie se apropie de sfârșit. Vine Ziua Recunoștinței, o tradiție care la noi în familie durează trei zile. Joi dimineața, mai mulți veri de-ai mei îmi bat la ușă devreme, pregătiți să se pună pe gătit. Le deschid, încă îmbrăcat în pijamale, apoi mă îndrept spre birou pentru câteva momente de liniște înainte ca tămbălăul să-mi invadeze casa.

Mă apuc să aranjez niște hârtii. Îmi închid calculatorul.

– Unde te duci, nenea Mitch?

Chika stă sprijinită de bibliotecă, îmbrăcată cu o bluză de pijama lungă, roz, pantaloni albaștri și încălţată cu papuci în formă de iepure. Stă cu genunchii la piept, strânşi între braţe.

Bună dimineaţa, fată frumoasă.

– Unde te duci?

Nu mă saluţi?

– Buna dimineaţa, nenea Mitch.

Mă duceam sus.

– De ce?

Pentru că au venit musafiri. Şi alţii sunt pe drum. E Ziua Recunoştinţei.

– Ziua cu cartofi portocalii de mâncare?

Cartofi dulci. Da.

Stă şi se gândeşte o clipă.

– Ne-am putea ascunde.

De familie?

– Mda.

Dar mi-e drag de ei.

– Poţi să te ascunzi şi de oamenii dragi.

De ce aş face aşa ceva?

– Ca să te caute!

Gura i se deschide larg de uimire şi ochii la fel.

– Adică tu nu vrei SĂ TE GĂSEASCĂ oamenii?

Râd, pentru că tonul ei este foarte familiar. Când trăia, Chika era adesea oripilată când se întâmpla să nu-i înţelegi logica. Într-o dimineaţă, mi-aduc aminte că stătea la biroul meu, mâzgălea ceva şi cânta „Supercalifragilisticexpialidocious".

S-a oprit dintr-odată şi-a trântit foile pe birou.

– Acum îl tu cânţi, a insistat.

– Eu?

– Păi da. Cântă-l tu.

– Nu ştiu versurile.

A pufnit, expirând tot aerul din plămâni, şi a făcut exact faţa pe care o are acum, pură exasperare copilărească.

– Tu nu uitat la *MARY POPPINS ÎNAINTE*?! a strigat ea. Eşti NEBUN?!

– Scuze, am spus, abţinându-mă să nu râd.

– Trebuie doar să te uiţi iar, a mormăit, întorcându-se la desenul ei. Nu-i problemă.

Apropo, Chika nu era furioasă, aşa experimenta ea viaţa, la intensitate maximă, nu se putea abţine să nu ridice vocea. În momente ca acelea, mă simţeam cocoţat pe covorul ei magic, fără să am habar unde mă va duce imaginaţia ei.

– Poţi să te ascunzi cu mine aici, spune acum, apropiindu-şi mai mult genunchii de piept. Ne-am putea băga sub pătură.

Şi apoi?

– Apoi ei vin să te caute. Şi-o să înceapă: „unde e nenea Mitch?" şi tu sari de sub pătură şi spui „sunt aici", iar ei zic „oh, ia uite! E el!"

Te vor putea vedea şi ei?

Plescăie din buze.

– Nu, nu, nu. Ei nu mă văd.

De ce?

Nu răspunde. Spune, în schimb:

– Plec în Haiti.

Trage pătura de pe canapea, şi-o pune peste cap şi dispare.

După şase luni petrecute în America, o ducem pe Chika acasă de Crăciun. Sărbătorile sunt foarte importante la misiune, cu tot felul de tradiţii: se pune în scenă Naşterea Domnului, se agaţă şosetele prin dormitoare, se mănâncă, singura dată pe an, carne de capră, banane prăjite şi pikliz, un fel de varză murată foarte aromată.

Emoţiile o fac să fie euforică. În noaptea dinaintea plecării se urcă la noi în pat şi mă gâdilă până o implor să se oprească. Apoi întreabă ce se va întâmpla, pas cu pas.

În timp ce îi explic, privirea îi rătăceşte. Nu mai arată ca atunci când a plecat din Haiti. I-a căzut părul. I-au căzut dinţii. A suferit operaţii. A luat steroizi. O întreb dacă se teme să se întoarcă acolo.

– Puţin, spune, indicând un spaţiu mic cu arătătorul şi degetul mare. Plâng lacrimi fericite.

Nu mai folosise niciodată această frază. Lacrimi fericite. Mă întreb de unde-i vine atâta înţelepciune.

În dimineaţa următoare îşi pune colanţi albi şi adidaşi, o geacă verde-deschis peste o bluză cu mâneci scurte. Ne îmbarcăm în avion, iar ea se lipeşte de hublou. Mulţi dintre pasageri sunt haitieni, iar ea se întoarce din când în când şi spune:

– Hei, vorbesc ca mine!

De îndată ce aterizăm la Port-au-Prince, Chika fuge pe pasarela telescopică, lăsându-mă în urmă. Orchestra de la aeroport începe să cânte; banjo, chitară, acordeon, tobe bongo... iar ea dansează pe coridoare, dând din şolduri şi învârtindu-se într-un mod care-mi dovedeşte că se simte acasă.

Alain ne aşteaptă la banda de bagaje. Ne urcăm în maşina lui şi Chika se ascunde în spatele scaunului şoferului când trecem dincolo de porţile misiunii. Copiii fuseseră informaţi de sosirea ei, aşa că strigă în cor: „Chika! Chika!". În vreme ce maşina parchează, Alain se uită la ea cu uimire şi spune:

– Auzi ce strigă?

– Nenea Alain, nu te uita spre mine! chiţăie. Uită-te în altă parte!

Ne înconjoară toţi de îndată ce se deschid portierele, dădacele strigă, iar copiii mici sar şi în jurul Chikăi se strâng foarte multe mâini care trag de ea, în timp ce chipul îi este acoperit de pupici. Când reuşesc, în sfârşit, să o scoată din maşină, Chika trasează linii pe pământ cu adidaşii ei negri. Apoi îşi dă jos haina şi fuge la leagăne, dându-se tare, sus, pe când ceilalţi copii se adună în jurul ei şi o privesc. Dacă aş putea opri timpul să i-l pot oferi în dar, acest moment ar fi unul dintre cele mai frumoase cadouri: Chika sus, pe leagăn, zburând deasupra expresiilor fraţilor şi surorilor ei fericiţi că s-a întors. Mă frec la ochi. Lacrimi fericite.

Tu

În bucătărie avem un stâlp de la podea până la tavan. La un moment dat, am decis să-l transformăm în indicatorul de creștere în înălțime al familiei. Îi măsuram pe nepoți și pe nepoate de ziua lor, apoi, lângă linia trasată, scrijeleam anul.

Când ai ajuns la noi prima dată, te-am măsurat și pe tine, Chika, și-am tras o linie acolo unde ajungea creștetul tău. Te-am lăsat pe tine să scrii CHIKA. Cereai să te măsurăm o dată la câteva luni. Liniile trasate cu carioca au rămas acolo și astăzi.

Un copil este ca un ghem de timp care se desfășoară. Dar timpul tău avansa pe două planuri, pentru că, pe măsură ce creșteai tu, monstrul putea crește și el, ceea ce transforma lunile care treceau în prietenul, dar și în inamicul nostru. Te-ai înălțat. Părul ți-a crescut la loc. Ți-au căzut dinții de lapte și ai primit bani pe ei de la Zâna Măseluță. Ai învățat și literele mari, și literele mici. Engleza ta s-a îmbunătățit simțitor. Dacă îți vorbeam în creolă, dădeai ochii peste cap și spuneai:

– Nenea Mitch, suntem în America acum.

Dar, pe lângă toate acestea, mai erau vizitele regulate la spitale, analizele de sânge, RMN-uri la creier, atât de frecvente încât o dată, când ți-am amintit că trebuia să stai nemișcată în burta aparatului, ai gemut și ai zis „știu, știu", iar apoi ți-ai înțepenit tot corpul ca să-mi arăți.

Speranța noastră era să mai treacă o lună și încă una, de parcă ne cățăram de pe o liană pe alta în junglă. În ciuda predicțiilor sumbre în ceea ce privește boala DIPG, cum că nimeni nu supraviețuiește, exista întotdeauna șansa să fie dezvoltată o soluție radicală, un nou tratament cu laser sau vreun medicament nou. Un medic de la Stanford înregistrase un succes timpuriu cu un tratament chimio sub formă de medicament denumit Panobinostat. Se vorbea despre o clinică progresistă din Mexic. Un grup din Londra utiliza terapia CED multiport, asemănătoare cu cea a doctorului Souweidane de la Sloan Kettering, dar cu patru catetere simultan.

În fiecare seară, când îți spuneai rugăciunile, le spuneam și noi pe ale noastre, cerând în tăcere ca cineva, într-un laborator, poate la celălalt capăt al lumii, să privească printr-un microscop și să spună încet: „Ia te uită, funcționează!" Ajungi să ai fantezii de genul ăsta, Chika, atunci când îți trebuie o armă cu care să învingi ceva de neînvins. Fuseseși operată de tumoare în iunie, radioterapia din iulie și august reușise să o diminueze, dar rămăsese neschimbată după celelalte tratamente pe care le încercaserăm din noiembrie până în luna martie a anului următor.

Era și bine, și rău. Indiferent câte am încercat, inclusiv procedura CED, pe care am repetat-o câteva luni mai târziu la New York, tumoarea era de neclintit, un urs în vizuina sa, care nu mârâia, dar nici nu voia să iasă de-acolo. Tratamentul pe care doctorul Souweidane l-a aplicat direct în tulpina cerebrală, care strălucea, verde pe monitorul computerului, demonstrând distribuția excelentă a agentului, nu avusese niciun efect real. Mi-am amintit conversația mea cu el („nu știm sigur dacă utilizăm agentul potrivit") și m-am luptat cu sentimentul obsedant că, în ciuda halatelor albe și a laboratoarelor lor, medicii bâjbâiau pe întuneric în cazul acelei boli.

Așa că, între timp, ne-am concentrat pe a ne crea amintiri frumoase, Chika. În ianuarie, după vizita din Haiti, ți-am organizat ziua de naștere, într-un restaurant foarte animat, care avea ca tematică animalele, denumit The Rainforest Cafe. Împlineai șase ani. Erai înconjurată de copii, nepoții și nepoatele noastre, copiii prietenilor noștri, și ați alergat în jurul meselor cu capetele acoperite de coronițe în formă de lumânări aprinse. Am aplaudat când a sosit tortul, iar eu și miss Janine ne-am strâns mâinile și am șoptit „opt luni", amintindu-ne de predicția cumplită a doctorului Garton, care ne spusese că mai aveai doar patru luni de trăit.

În februarie te-am dus la săniuș pentru prima dată. Pe vârful derdelușului te-ai cam crispat, dar ai țipat de încântare cât a durat coborâșul. Când te-am prins din urmă, aveai obrajii uzi de la zăpada aruncată de sanie și râdeai atât de tare, încât abia ai reușit să spui:

– Ne mai dăm *o dată*?

În martie te-am dus la lecții de înot, pentru că adorai să înoți. Purtai cască și ochelari și arătai ca un aviator pitic din anii '20. Țipai de încântare când te aruncai în apă și apoi, când ieșeai la suprafață, strigai:

– Miss Janine! *Tu* vino în apă! Tu vino în apă!

Apoi, într-o zi din aprilie, plecasem spre serviciu după ce te lăsasem la piscină, la cursul de înot. Zece minute mai târziu, mi-a sunat telefonul mobil. Era miss Janine, dar vocea îi suna diferit, grăbită și panicată.

– Vino repede acasă. Chika tocmai a vomitat la piscină.

Malè pa gen klakson.
[Ghinionul este un musafir neanunţat.]

— proverb haitian

A patra lecție

COPIL DÂRZ

Chad Carr s-a dus.

Băiețelul cu chip de înger și păr blond, pe care tatăl său îl adusese pe stadionul de fotbal din Michigan, a murit la exact paisprezece luni după ce a fost diagnosticat cu DIPG. M-am înfiorat când am auzit vestea. Janine a început să plângă.

Datorită faptului că bunicul lui Chad era un antrenor faimos, moartea sa a făcut înconjurul țării și a adus sub lumina reflectoarelor boala aceasta oribilă, de care nu se vorbește decât rar. Li se amintea oamenilor că și Neil Armstrong o pierduse pe fiica sa de doi ani din cauza aceleiași boli, înainte de aterizarea pe lună. Se întâmplase în anul 1962. Nu se schimbase mai nimic de atunci. DIPG rămăsese un hoț violent, prădător de copii, care jefuia familiile de prezentul și de viitorul lor.

Familia Carr a înființat o fundație în memoria fiului lor. Au numit-o Chad Tough [20]. Și în timp ce tu, Chika, ești aici pentru mine ca să-ți citesc acest lucru, vreau să spun ce am învățat eu despre acest cuvânt, „dârz": copiii, în special copiii bolnavi, au o forță unică,

[20] Chad cel Dârz (n. tr.)

deşi sunt nişte suflete foarte tinere, o forţă ce le poate aduce mângâiere chiar şi adulţilor care se frământă în jurul lor.

Iar asta e ceva ce m-ai învăţat tu. Este al patrulea lucru de pe lista mea.

O să-ţi dau un exemplu. S-a întâmplat într-o noapte, eram la spitalul Sloan Kettering, în timpul celei de-a doua proceduri CED, şi ţi se infuza anticorpul cu izotopi radioactivi de iod. Trecea dintr-o cutie mare, printr-un tub lung şi cobora apoi în cateterul din capul tău. Era în jur de 3:00 dimineaţa. Eu dormeam într-un scaun dincolo de zidul căptuşit cu plumb. Din cine ştie ce motiv, am deschis ochii şi te-am văzut stând exact în faţa mea, cu capul înclinat, ca într-un film de groază. Cateterul se ridica din craniul tău, întins la maximum.

– Chika! am ţipat.

– Vreau să merg la magazinul de jucării, ai spus cu voce răguşită.

Te-am dus repede înapoi în pat, rugându-mă la Dumnezeu ca nu cumva să se fi mişcat cateterul. Am urlat după asistente, iar ele au dat buzna, şocate. În următoarea oră l-am aşteptat cu sufletul la gură pe doctorul Souweidane. Şi el era şocat. Niciunul dintre pacienţii săi nu se ridicase din pat în timpul procedurii, cu atât mai puţin să mai şi meargă prin cameră.

Din fericire, nu ai provocat nicio daună, iar noi aproape am leşinat de uşurare. A doua zi dimineaţă, abia dacă îţi aminteai ce făcuseşi.

Copil dârz. Am trecut prin multe spitale de pediatrie şi fiecare vizită a fost dovada că rezilienţa lumii se află în copii: tineri jucându-se jocuri de societate în timp ce făceau infuzii de chimio sau trăgând după ei pe holuri bara de la perfuzor în timp ce se îndreptau în grabă spre camera de creație.

Și tu ai avut această reziliență, Chika. La spital. La orfelinat. De fapt, ai avut-o din ziua în care ai venit pe lume, când ai dormit în câmp deschis cu mama și cu surorile tale. Chiar și la misiune, când aproape toți copiii noștri au luat un virus dureros denumit *chi kungunya*, care se răspândește prin mușcătura de țânțar, tu stăteai în chioșcul din curte cu un prosop rece pe frunte, îndurând simptomele.

În ziua în care ai vomitat la piscină, m-am grăbit acasă și am găsit-o pe miss Janine ținându-te în brațe. Erai înfășurată într-un prosop, cu ochii pleoștiți și miroseai a clor. Cu toate astea, nu te plângeai. Erai cam supărată că n-ai putut să mai înoți.

Am făcut repede o programare la Mott, unde ți se făcuse prima operație. Cazul tău era urmărit acolo de o mică echipă, de doi medici în mod special: un medic neuro-oncolog pediatric pe nume Patricia Robertson (căreia îi ziceai dr. Pat) și un cercetător-vedetă, Carl Koschmann (dr. Carl), care, dacă-și dădea jos halatul și-l înlocuia cu un tricou, putea fi confundat cu o vedetă rock.

Erau un cuplu interesant, deși îi despărțeau treizeci de ani de experiență. Mergeai când îți ziceau, vorbeai când îți ziceau și îți controlau reflexele și ochii. Te obișnuiseși atât de mult, încât căscai în timpul controalelor. Dar ei te măsurau altfel decât te măsuram noi pe stâlpul din bucătărie.

La scurt timp după incidentul de la piscină și la unsprezece luni după primul RMN, cel din Haiti, ne-au dat vestea pe care speraserăm să nu o auzim niciodată:

Monstrul se extinsese.

Ultimele scanări arătau că tumoarea crescuse. Micile schimbări pe care le remarcaserăm, ochiul stâng era mai puţin receptiv, mersul puţin împleticit, erau din cauza acelei creşteri. Lipsa de echilibru şi presiunea te făcuseră să vomiţi.

Dr. Pat ne-a recomandat să reluăm tratamentul medicamentos. Am dezbătut ideea. Medicamentele împotriva acestui duşman tot chimioterapie erau. Iar chimioterapia nu vindecase pe nimeni de DIPG. I-am sunat pe toţi cunoscuţii, în căutarea unei alternative. Dar timpul trecea şi ţie îţi era din ce în ce mai rău.

Astfel, deşi uram să facem asta, a trebuit să trecem pe medicaţie, pentru că trebuia să continuăm lupta, în aşteptarea următoarei liane de care să ne agăţăm. Miss Janine a început să citească cu voracitate totul despre bolile creierului şi s-a consultat cu experţi oncologi, aşa că, pe lângă tratamentul specific, doctorii ţi-au dat vitamine şi suplimente şi probiotice pentru a te menţine puternică. Janine îţi pregătea în fiecare zi o băutură cu suplimente, cu gust de ciocolată, vanilie sau căpşune, pe care la început o lingeai, apoi a trebuit să te convingem să o bei.

Din fericire, nu aveai probleme cu înghiţitul pastilelor. Cel mai adesea transformai totul într-o joacă. O dată, când eram în maşină şi stăteam pe scaunul din spate, am pus o pastilă într-o lingură de suc de mere, iar tu ai început să te dai mare:

– Pot să iau două!

– Nu serios? am zis eu.

Iar tu ai răspuns:

– Ia uită-te! Ia uită-te!

Şi ai pus două pastile în lingură, ai băgat-o în gură, apoi ai scos limba.

– Incredibil! am exclamat.

– Incredibil, oameni buni! ai repetat tu fericită.

Nu ai întrebat niciodată pentru ce erau pastilele. În schimb, căutai tot timpul motive să râdem, așa cum ai făcut și în momentele mai triste ale vieții tale. Mersul ți se înrăutățise și uneori te împiedicai. Dar tu rânjeai și strigai:

– Ha! Am căzut în FUND!!

Când ai început să ai furnicături la picior (o consecință a bolii), călcai pe el apăsat spunând:

– Piciorul ăsta al meu mă gâdilă.

Când ochiul și gura s-au strâmbat, te uitai în oglindă și te strâmbai și mai tare, lansând parcă o provocare noii expresii a feței tale.

Ne era atât de greu, Chika, să asistăm la chinul prin care treceai!... Ne era din ce în ce mai greu să găsim cuvintele potrivite. Într-o zi te-am văzut mergând șchiopătat spre un raft cu jucării. Ai luat o păpușă și ai căzut. Apoi, de parcă ai fi decis că n-avea rost să te ridici, ai pornit în patru labe cu păpușa la piept până la locul din bucătărie unde îți aranjaseși un magazin al tău. Practic, ai coborât lumea la nivelul tău ca să poți ajunge la ea.

Am plâns atunci, Chika, și a trebuit să întorc fața ca să nu mă vezi. Când ai început să te joci pe jos, acceptând noile reguli, forța ta s-a dovedit cu mult peste a mea și ne-a adus alinare, deși noi încercam să te alinăm pe tine.

Noi

– Nenea Mitch?

Hmm?

– Vine Crăciunul.

Stă în scăunelul ei; e îmbrăcată cu o rochiță albastră, încălțată cu papuci și pe cap are o căciulă roz cu urechi. Trage de șnurul urechilor și-și acoperă obrajii cu ele. A apărut de mai multe ori pe la mine din dimineața Zilei Recunoștinței, dar vizitele ei sunt mai scurte acum și este îmbrăcată diferit de fiecare dată.

Îți aduci aminte de fiecare Crăciun al tău? întreb.

– Câte am avut?

Păi, ai avut două cu mama ta.

– Dar eram prea MICĂĂĂ!

Și unul cu nașa ta.

– Și câte la misiune?

Trei.

Și câte la tine acasă?

Unul.

– Când?

Anul trecut.

Dă drumul urechilor căciulii.

– Ştiu, ştiu.

Oftează.

Ce este?

– Sunt cam puţine Crăciunuri pentru o fetiţă.

Nu am spus asta.

Îşi pune degetul pe tâmplă.

– Ai spus-o *aici*.

Tu

Într-o zi, când am ajuns acasă, te-am găsit jucând cărţi cu prietena ta Nicole. Tu trăgeai o carte, ea altă carte şi ea a făcut o glumă, iar tu ai început să râzi. Părea perfect normal, doar că Nicole era mai mare decât tine cu treizeci şi opt de ani.

Şi ea era una dintre cei mai tineri prieteni ai tăi din America.

Te-ai dus cu cortul cu prietenii noştri Jeff şi Patty, care erau deja bunici. Surorile lui miss Janine, Kathy şi Tricia, care aveau peste cincizeci de ani, te luau cu ele la salon să-ţi faci unghiile. Prietena noastră, dr. Val, care avea peste şaizeci de ani, te lua la ea să te joci cu căţelul ei.

Aveai un grup de prieteni mai mari decât tine cu între două şi cinci decenii şi, în ciuda faptului că erau în cea mai mare parte colegii noştri de serviciu sau prieteni de familie, tu îi numeai „prietenii mei". Aveai o abilitate remarcabilă de a te împrieteni cu oricine te întâlneai; toţi voiau să te revadă. De exemplu, Margareth, supraveghetor de caz, născută în Haiti, Lyn şi Carmella, ambele maseuze, şi AnneMarie, cumnata noastră, şi Frank, Mark, Marc şi Jordan, care lucrau cu mine. Profesori de yoga, proprietari de magazine de delicatese, muzicieni, asistente medicale. Erai ca *Flautistul Fermecat* pentru adulți; mulți dintre ei aveau deja copii mari, plecați de-acasă și regăseau în tine micile minuni ale sufletelor tinere.

Bineînțeles, îți plăceau și copiii. Și dacă eu și miss Janine am fi avut copii la vârsta potrivită, nepoatele și nepoții noștri ar fi fost de seama ta. Dar chiar și ei ar fi fost mai mari decât tine. Am încercat să te ducem în locuri frecventate de copii, la bâlciuri, la petrecerile de la clubul local dedicat sănătății. Dar uneori ceilalți copii nu știau cum să reacționeze la problemele tale, iar tu te întorceai la noi și spuneai: „nu vor să se joace cu mine".

Ai încercat din răsputeri. Te-ai dus la dans de Halloween. Le arătai celorlalte fetițe setul tău de ceai. Dar cu copiii necunoscuți parcă ți se înnoda limba, tocmai ție, care erai atât de vorbăreață. Le întindeai ce aveai în mână, iar ei uneori luau obiectul și plecau. Îți studiam privirea pierdută, sperând că se vor întoarce. Mi se rupea inima.

Ți-era dor să mergi la școală. Am încercat să recreăm asta pentru tine, dar, dată fiind atenția medicală constantă de care aveai nevoie, nu puteai face lecții decât acasă, cu teme trimise de sora mea, miss Cara, care conduce școala noastră de la orfelinat, sau de la prieteni precum miss Diane, o profesoară pensionată care petrecea ore întregi cu tine, învățându-te să scrii și să socotești. Obișnuiam să te îmbrăcăm cu uniforma de la școala din Haiti, bluză mov și fustă bleumarin, șosete albe și pantofi negri, ca să te simți ca la misiune. Dar nu eram la misiune. La misiune sunt zeci de copii care râd și se aleargă prin clasă, nu o masă de bucătărie singuratică și o fereastră cu vedere spre curtea interioară.

Te-ai împrietenit și cu copii în America, bineînțeles. Unul dintre ei a fost nepotul nostru Aidan, care avea opt ani când ai sosit și care te-a acceptat imediat. Un băiat blând, manierat, cu părul castaniu, des; se juca orice voiai tu și se uita la orice voiai tu. După câteva luni a devenit destul de clar că, așa cum obișnuia bunica mea să spună, „îți cam sfârâiau călcâiele după el". Te găteai toată când venea pe la noi. Deveneai sfioasă în prezența lui. Erai mai tăcută, mai cuviincioasă.

O dată, v-am dus la o sală de jocuri și am schimbat o bancnotă de zece dolari în monede de 25 de bani, iar apoi le-am pus în pahare de hârtie Dixie. Dacă am fi fost doar noi doi, ai fi încercat, în glumă, să iei și paharul meu. În schimb, l-ai privit pe Aidan și ai spus „eu am prea multe", apoi ai turnat jumătate dintre monedele din paharul tău în paharul lui.

Tu și Aidan mergeați împreună cu barca și la acvariu, și odată, acasă la el, ați dansat după un videoclip Cha Cha Slide, iar când a căzut i-ai tras o palmă peste fund.

Când ne spuneai despre cum aveai să crești și să te măriți, adică tot timpul, te tachinam și-l menționam pe Aidan, iar tu zâmbeai ca o bleguță și spuneai „nu șt'u" sau „poate..."

Apoi, într-o seară de vară, la mai mult de un an de când erai cu noi, după ce mersul tău se deteriorase și nu mai puteai clipi cu ochiul stâng, iar terapiile tale includeau statul în pat cu orele cu un ac înfipt în braț, stăteai așa, întinsă, după ce tocmai te uitaseși la un film cu prinţese. Ne-ai întrebat dacă te vei putea mărita şi tu vreodată cu un prinţ.

Iar Miss Janine a spus:

– Ce zici de Aidan? Nu e prinţ, dar e un băiat de treabă. Ţi-ar plăcea să te măriţi cu el?

Ai făcut o faţă serioasă.

– Aidan nu ar lua o fată ca mine.

Ne-am uitat unul la altul.

– De ce spui asta, Chika?

– Pentru că Aidan nu s-ar căsători cu o fată care nu poate merge.

Ai spus-o cu atâta inocenţă, atât de realist, că ne-ai lăsat muţi. În timp ce căutam răspunsuri clasice de adulţi, cum că în dragoste nu contează dacă eşti bolnav sau sănătos, pe dinăuntru tremuram, pentru că văzuserăm în tine ceva, ceva care avea de-a face cu boala ta şi pe care noi, de teamă, încercam s-o ignorăm: acceptarea.

Deşi Chika este curajoasă în aproape orice circumstanţă medicală, încă îi este frică de ace. Le numeşte „înţepăcioase". Suportă RMN-ul, radioterapia şi chiar cateterele în creier. Dar când apare un ac, indiferent dacă asistenta încearcă să-l ascundă, indiferent de cum îi ţin capul spunându-i Gade mwen, Chika, *uită-te la mine, e ca şi cum nu s-ar putea abţine.*

Şi ca să fie treaba şi mai complicată, e greu să i se ia sânge. Venele ei se ascund. Asistentele o numesc „domnişoara de oţel". Cu alte cuvinte, asistentele trebuie să repete de mai multe ori lucrul pe care ea îl urăşte cel mai mult.

Chika a început tratamentul cu Avastin, un medicament care înfometează tumoarea. Pentru a-l infuza, trebuie să ţină o branulă în braţ. Ceea ce întotdeauna fusese greu. Dar în iunie 2016, adică la mai mult de un an după ce fusese diagnosticată, devenise imposibil. Nu reuşeau să găsească o venă.

În timpul unei vizite, au încercat de două ori pe braţul stâng, înfăşurându-i garoul de culoarea muştarului în jurul bicepsului, frecând locul cu vată îmbibată cu spirt şi apoi înţepând-o. Nimic. Chika ţipa. Au trecut la braţul drept, au înfăşurat garoul, au identificat un loc, l-au frecat cu spirt şi au înţepat-o din nou.

– Nimic, a mormăit o asistentă.

Au chemat un specialist în sistemul venos. Acesta a pus o compresă caldă în jurul mâinii Chikăi. I-a palpat pielea. N-a găsit niciun loc. A trecut la cealaltă mână. A repetat procedura.

– Nu putem face mai mult de trei încercări, a subliniat.

În sfârşit, i-a introdus un ac la un centimetru de încheietura mâinii. Chika a urlat ca un lup.

– Opreşte-i! a ţipat.

– E aproape gata, scumpa mea, aproape gata.

– Nenea Mitch, opreşte-i!

Inima îmi bubuia în piept. I-am implorat să termine. Au prins perfuzia, în sfârşit. Dar câteva secunde mai târziu au apărut picături de sânge în tub. Specialista s-a încruntat.

– Ce e? am întrebat.

– Am spart vena.

Şi-au strâns instrumentele şi-au zâmbit forţat în timp ce plecau. Asta a fost tot. Azi, nicio infuzie. O asistentă a adus pe cineva să-mi vorbească despre posibilitatea de a pune un port sub pielea Chikăi, la piept, pentru că, spun ei, „situaţia nu se va îmbunătăţi".

I-au oferit Chikăi un abţibild. L-a ignorat. Mi-am luat în braţe ghemotocul şchiop. Avea obrajii uzi de lacrimi. Mi-a dat mâna, udă şi ea, pentru că o folosise să-şi şteargă nasul, şi a bombănit ceva ce nu mai spusese niciodată:

– Vreau să mă întorc în Haiti.

Eu

Puţine lucruri o făceau pe Chika mai fericită decât mâncarea. A încercat aproape orice. Mi-aduc aminte de o seară călduţă de vară; ieşiserăm în grup şi ne ospătam cu mâncare libaneză, iar Chika fredona „Baba... Ghan-*oush*!"[21] (cuvântul o fascina) apoi, râzând, mai mânca puţin repetând „Baba... ghan-*oush*!"

Avea şase ani.

Janine era de neclintit când venea vorba despre alimentele sănătoase şi cele care-i puteau face rău. Inclusiv zahărul, din cauză că hrăneşte cancerul. Acelaşi lucru era valabil şi pentru alimente precum chipsurile de cartofi şi gustările din magazine.

Totuşi, Chika era încă un copil. Şi tânjea după asemenea lucruri. O dată, la o petrecere de familie, m-am aşezat pe canapea şi ea a pus o pernă între noi.

– Vrei să mă blochezi? am întrebat-o zâmbind.

– Nu vreau să te superi pe mine, a murmurat.

– De ce m-aş supăra, Chika?

A mutat încetişor perna. Ascunsese o pungă de pufuleţi Cheetos.

---

21 Salată de vinete. (n. tr.)

Altă dată, s-a întors de la o petrecere a burlăcițelor cu prietena noastră Nicole. Când Nicole s-a uitat în oglindă să verifice ce făcea Chika, a văzut-o dormind adânc. Abia după ce au ajuns acasă Nicole a descoperit ambalajele de la bomboanele Hershey's Kisses aruncate peste tot pe bancheta din spate. Chika deschisese o cutie cu bomboane de ciocolată și le mâncase pe toate.

După ceva timp, când Janine a vrut să-mi spună povestea, Chika mi-a acoperit urechile cu mânuțele.

– Nu, nu, nu, nu, nu, a protestat ea.

– De ce, Chika? Vreau să aud.

– Bine. Dar să nu te superi.

– Să mă supăr?

Nu ne supăram niciodată pentru asemenea lucruri, bineînțeles. Dimpotrivă, uram să o lipsim de ce-și dorea. Uram orice îi amintea de boala ei. Janine a plâns când ne-au spus că nu aveam de ales, că trebuiau să pună portul acela în pieptul Chikăi; a plâns mai ales la gândul că fetița avea să vadă zi de zi umflătura aceea din plastic sub piele.

– Chestiile alea se pot infecta, a zis Janine.

– Ce altceva putem face?

– Eu nu am încredere în soluția asta.

– Nu ai încredere. Am oftat. Ce alternativă avem?

A doua zi după ce o asistentă i-a pus pentru prima dată portul, am luat-o pe Chika cu mine în Haiti. Mă duceam în vizita mea lunară. Voiam să o premiez pentru perseverența ei.

Era pe la jumătatea lunii iulie, cea mai caldă din an. Janine a îmbrăcat-o în pantaloni scurți albi, un tricou verde și o bentiță albă cu floare verde. Chika voia să ajungem acolo după ora de stingere, când copiii dormeau, ca să se strecoare în patul ei supraetajat și să le facă o surpriză fetelor dimineață, când se trezeau: „Hei, ia uite, a venit Chika!"

În timpul zborului spre Haiti și-a verificat planul cu precizie militărească. Părea deosebit de entuziasmată de această călătorie. Poate că America, spitalele și tratamentele o obosiseră. Putea să meargă singură, dar cu greu, iar ochiul stâng nu i se mai închidea de tot nici măcar când dormea. Nu mai avea păr la ceafă, iar pe pulpe avea vergeturi de la îngrășat sau slăbit într-un timp extrem de scurt. Gura i se strâmbase într-o formă de lacrimă piezișă.

Observaserăm, de asemenea, că își pierdea răbdarea mai repede. Că ne sfida mai des. Urla adesea NU!, ascunzându-se sub masă apoi. Comportamente precum acesta nu rămâneau fără consecințe, pentru că refuzam să lăsăm mila să înlocuiască educația, or noi voiam să o educăm pentru tot restul vieții ei, una lungă.

Odată a refuzat să bea shake-ul cu suplimente. Janine i-a spus:

– Chika, încercăm doar să avem grijă de tine.

Chika a izbucnit și a urlat:

– Voi nu vreți să aveți grijă de mine! Vreți doar să mă pedepsiți și să-mi interziceți lucruri!

Am încercat să intervin.

– Chika, dacă vrei să mergi la Aidan, trebuie să-ți termini shake-ul.

– Ba să-ți termini tu shake-ul TĂU dacă vrei să stai AICI! mi-a răspuns.

Nu pot să spun că nu ne afectau discuțiile acestea. Uneori ne răneau. Dar știam că avea toate scuzele din lume. Chika nu se certa cu noi că nu-și terminase de mâncat legumele înainte de culcare. Cine putea să o învinovățească dacă nu voia un milkshake cu medicamente sau să meargă iar la RMN? Se lovea încontinuu de un zid invizibil, pentru că noi nu voiam să-i explicăm prea multe, nici s-o speriem sau să-i facem povara și mai grea.

În plus, noi nu știam câtă durere suporta foarte des, fără să se plângă. Uneori îmi zicea:

– Nenea Mitch, mă doare capul.

Iar eu îi răspundeam:

– Hai să îl masez un pic.

Sau îi dădeam o aspirină pentru copii, dar în sinea mea eram îngrozit de ideea că poate nu era o simplă durere de cap trecătoare.

Într-un fel, mă simțeam ușurat când Chika se certa cu noi, când se lupta cu noi, pentru că știam că trebuia să fie bătăioasă ca să reușim să trecem peste toate acestea. Așa că mi-am spus: bine, hai să ne certăm dacă așa trebuie, să urlăm și să strigăm. Nu te lăsa mai prejos.

Am ajuns târziu în Haiti și copiii dormeau când mașina lui Alain a intrat pe porțile orfelinatului. Chika nu arăta bine; era obosită și transpirată. Am sugerat să stea cu mine în cameră până dimineață.

Nu a protestat. Am schimbat-o de hăinuțe, ne-am spus rugăciunile și s-a întins pe o saltea mică. După câteva minute mi-a cerut să doarmă în pat cu mine.

I-am ridicat capul.

– Chika, te simți rău? am întrebat-o.

A vomitat peste tot pe mine.

Mi-a vomitat pe bărbie, pe umeri, pe tricou.

Am dus-o repede la baie, dar dăduse deja afară tot. Plângea și eu îi repetam „e în regulă, e în regulă", iar ea transpira în cămășuța de noapte și se plângea că îi era frig. Am curățat-o, i-am pus un prosop umed pe frunte și i-am dat un paracetamol pentru febră. Și eu, și ea am adormit la fel de agitați.

Noi

Chika mă vizitează din nou, cu două zile înainte de Crăciun.

– Nenea Mitch, ia uite!

Mă învârt pe scaunul de la birou și o văd stând în pragul ușii. Este îmbrăcată cu o fustă galbenă cu multe volane și o bluză din satin cu mâneci bufante. Îmi amintesc că-i cumpăraserăm hăinuțele acelea la New York, după ce terminase tratamentele de la Sloan Kettering. O duseserăm la magazinul Disney să-și aleagă ceva pe placul ei. Își trecuse degetele peste păpuși și sticle de apă pentru copii, dar se oprise la îmbrăcăminte.

– Este rochia lui Belle! s-a minunat. *Frumoasa și Bestia!*

Am luat umerașul.

– Mi-o iei, nenea Mitch? *Te rooog!*

De parcă i-aș fi putut spune nu.

Avem o fotografie cu Chika în rochia aceea. Pe cap are și diadema din desene. Stă în fața unei oglinzi mari, privindu-se cu mândrie. Ador fotografia aceea! Este singura în care Chika își zâmbește sieși.

Pleci undeva? îi zic în glumă acum.

– Unde să plec? întreabă ea.

Nicăieri. Așa zic oamenii când văd pe cineva dichisit.

– Nenea Mitch?

Hmm?

– Tu chiar mă vezi?

Da. De ce?

– Mă vezi acum?

Dintr-odată, se află într-un colț al camerei.

Încă te văd, spun.

– Ești sigur?

Da.

Se ține de fustă.

– Rochia asta e chiar frumoasă.

Îți amintești de *Frumoasa și Bestia*? o întreb.

– Da. Este despre o fată care trebuie să-și salveze tatăl.

Îmi vine să o corectez. Dar îmi dau seama că, de fapt, are dreptate.

Chika? zic eu. De ce m-ai întrebat dacă te pot vedea?

Dintr-odată, are o baghetă în mână.

– Nu eu te-am întrebat. Tu ai întrebat.

Dă din baghetă.

– Bibbidi-bobbidi-boo! strigă.

Și dispare.

Tatăl Chikăi trăiește.

Locuiește în Tabarre, la patruzeci de minute de misiune. La un moment dat, ni se spusese că murise. Acum ni se spunea exact contrariul. Nașa Chikăi zice că știe cum să dea de el.

Nu e ceva neobișnuit în lumea orfanilor din Haiti. Adulții care aduc la noi copii spun uneori că părinții acestora sunt morți pentru a le crește șansele de a fi acceptați. Din când în când, părinții își trimit copiii cu altcineva și-i învață să spună minciuni, cum că sunt orfani. Noi încercăm să verificăm toate datele, dar fără arhive digitale sau instituții care să țină evidența acestor lucruri, n-avem de unde să știm. Pui întrebări. Ceri documente. La un moment dat, ori iei de bun ce ți se spune, ori nu.

Cu ocazia acelei vizite care debutase cu Chika vomitând, l-am rugat pe Alain să mă ducă la tatăl ei. Ne-am strecurat prin trafic și-am ieșit apoi într-un peisaj rural, agricol. Am parcat pe o stradă de pământ bătut. Am trecut dincolo de o poartă din lemn. Era un pătrat mic de pământ cu un arbore de pâine înalt. Acolo se născuse Chika.

Mă întâmpină chiar tatăl ei, Fedner Jeune.

E mic și îndesat, are cam un metru șaizeci și ceva, o mustață lată, capul plin de păr des și cearcăne adânci sub ochii injectați de sânge. Nu prea se uită într-ai mei.

Alain mă prezintă și traduce conversația. Îl întreb despre educația lui Fedner. Despre pruncia Chikăi. La fiecare întrebare răspunde scurt, în câteva cuvinte.

Spune că era prezent când s-a născut Chika, dar că era plecat când avusese loc cutremurul. Spune că timp de mai multe luni el şi mama Chikăi au trăit separat, în timp ce el reconstruia casa din bolţari. Ne confirmă că, după ce aceasta a murit, toţi cei patru copii ai săi au ajuns să trăiască cu alţi oameni. Nu ne spune de ce.

Casa, care nu are uşă, constă într-o singură cameră cu un bec agăţat de tavan. Pământul din apropiere este cultivat cu plante de fasole şi bananieri. Apa este extrasă cu ajutorul unei pompe. Nu există baie; folosesc o latrină de pe proprietatea vecinului.

Sub copac se joacă o femeie şi un copil. Alain îl întreabă pe Fedner dacă femeia este partenera sa şi el răspunde că da.

Aici se juca Chika? Întreb.

– Acolo, spune, indicându-mi un loc.

Şi acela este câmpul unde a dormit după cutremur?

– Acolo, indică din nou.

Îl întreb dacă ştia că pe Chika o aduseseră la noi când avea trei ani.

– Da, ştiam.

Te-a întrebat sau ţi-a spus naşa ei?

– Mi-a spus.

Şi tu ai fost de acord.

– Da, am fost de acord.

Nu-l întreb de ce nu a vrut-o pe Chika înapoi, deşi tot corpul meu urlă după un răspuns. Mă oblig să-mi amintesc că n-am de unde să ştiu care sunt circumstanţele în care trăieşte, nici necazurile sale. Mă oblig să-mi amintesc că şi-a pierdut partenera, pe mama copiilor săi. Cine ştie cât de zguduită fusese lumea lui?

Îi explic, în schimb, motivul vizitei mele. Situația medicală a Chikăi. Dă din când în când din cap, dar nu sunt sigur că înțelege.

– Faceți ce considerați că este mai bine pentru ea, spune.

Îi explic că viața ei este supusă riscului.

– Dumnezeu va decide asta, zice el.

Îi spun că am o întrebare dificilă pentru el. Îl întreb dacă e important pentru el ca fiica sa, Chika, să fie înmormântată aici, în Haiti, dacă nu supraviețuiește tumorii. Urăsc să pronunț cuvintele acelea, mă fac să tremur, dar simt că e corect să pun această întrebare. Poate și-ar dori să-i viziteze mormântul.

– Nu contează, răspunde. Cum considerați dumneavoastră.

Aș vrea să creez o legătură între tată și fiică. Simt că ar trebui să încerc. Chika mi-a spus o dată că are o amintire cu tatăl ei ducând-o la o înghețată când era foarte mică. O făcuse fericită, mi-a spus.

Îți amintești asta? îl întreb pe Fedner.

– Nu am dus-o niciodată la o înghețată.

E vreun magazin pe aici, prin apropiere, unde se vinde înghețată?

– Nu.

Mă străduiesc să continui conversația. Nu e un om rău. E doar un om pustiit. Continui să mă gândesc cât de mult ar întrista-o pe Chika să afle că nu există niciun magazin cu înghețată.

Cu toate acestea, îl invit la misiune. Vreau să-și vadă fiica, și ea să-și vadă tatăl, poate pentru că, undeva în adâncul meu, nu sunt sigur dacă vor mai avea altă şansă. Ne întoarcem împreună cu maşina; apropiindu-ne de porţi, o parte din mine se simte brusc străină, ca şi cum aş fi împins la marginea tabloului. Indiferent cât de multe făcuserăm eu şi Janine pentru Chika, acest bărbat avea asupra ei nişte drepturi pe care noi nu le puteam avea niciodată. În cazul mamei ei era diferit, era ca şi cum ne pasase o ştafetă pe care, la un moment dat, noi o preluaserăm. Dar Fedner Jeune este încă aici, în Haiti. Şi, în timp ce mă forţez să ignor senzaţia, tot simt, în mod bizar, că nu sunt decât un înlocuitor.

La sosirea noastră o găsim pe Chika jucându-se în foişor. Este foarte transpirată.

– Chika, ştii cine este acest domn? o întreb.

Îşi ridică privirea.

– Este tăticul tău. Vrei să-l îmbrăţişezi?

(Îi vorbesc în engleză pentru a nu-l pune într-o situaţie jenantă.)

Chika face cum îi spun. Îi las singuri.

În ciuda căldurii, el poartă o bluză cu mâneci lungi. Stă pe o bancă, iar ea se aşază lângă el. Îmi arunc privirea spre ei din când în când, dar pare că nu vorbesc deloc. Chika se joacă cu o păpuşă, iar el priveşte curtea. Soarele apune. Unul dintre copiii noştri trece cu un „zmeu" improvizat dintr-un băţ şi o pungă ce nu se ridică, pentru că nu e vânt.

După două ore, Fedner vine spre mine, îmi strânge mâna şi pleacă.

A cincea lecție

CÂND COPIII SUNT AI TĂI FĂRĂ SĂ FIE AI TĂI

Am avut la orfelinat un băiețel vreme de trei ani. Era foarte drăguț și se adaptase bine. Într-o bună zi s-a prezentat la poarta noastră un bărbat care pretindea că era tatăl său. A zis că-și voia imediat băiatul înapoi. Nu-l mai văzuserăm niciodată pe acel om. Mama copilului ne spusese la interviul de acceptare că tatăl băiețelului dispăruse imediat ce ea rămăsese însărcinată.

Iar acum, șase ani mai târziu, se prezentase la poarta noastră urlând amenințări la adresa directorului nostru. Când am contactat-o pe mamă, ne-a implorat să-l ignorăm. Era un om violent, ne-a spus, care reapăruse dintr-odată și dorea copilul doar pentru a-i dovedi că avea puterea să o domine. Ne-a spus că fiul ei nu va merge la nicio școală, nu va mânca bine și nu va avea un acoperiș cum se cuvine deasupra capului dacă acceptam cererea tatălui. Vă rog, ne-a implorat, nu-l abandonați.

După vreo săptămână, ne-a sunat din nou. Se răzgândise. Plângând și vizibil îndurerată, ne-a spus că bărbatul o bătea și că, dacă nu-i îndeplineam dorința, se temea pentru viața ei.

I-am spus lui Alain că nu ar trebui să acceptăm. Că nu puteam face așa ceva. I-ar fi pus în pericol și pe băiat, și pe mamă. Am încercat prin toate mijloacele. Dar, până la urmă, nu am avut de ales. În Haiti nu exista Telefonul Copilului. Niciun tribunal nu s-ar fi pronunțat în favoarea noastră. Tatăl biologic avea drepturile sale. Care le învingea pe ale noastre. Ne uitam îngrijorați la acel băiat jucându-se cu ceilalți copii; nu știa că viața lui urma să fie dezrădăcinată. Am tras de termen cât de mult am putut, apoi, cu reticență, i-am adunat lucrurile. Dădacele l-au îmbrățișat strâns. El a început să plângă. L-am condus într-un birou unde, imediat ce a sosit, tatăl furios și-a înfipt mâna în el fără niciun cuvânt.

Nu i-am mai văzut niciodată.

Timp de trei ani, personalul nostru avusese grijă de acel copil, îl hrănise, îmbrăcase, îmbăiase, învățase și supraveghease. Dar pretențiile tatălui absent erau mai puternice în fața legii, iar noi a trebuit să ne supunem. După acest episod, am introdus în procesul de acceptare consimțământul în scris sau certificatele de deces ale ambilor părinți. Și în ziua de azi gândul la băiețelul acela mă face să agonizez, pentru că nu știu de soarta sa.

E al tău, dar nu e al tău. De câte ori nu ne-am luptat cu chestiunea asta, Chika! Îți aduci aminte ce m-ai întrebat odată? „Cum m-ați găsit?" Mi-am promis că nu te vei mai simți niciodată pierdută. Uram ideea că tu sau oricare dintre copiii noștri v-ați putea simți nedoriți.

Însă întâlnirea cu tatăl tău din acea zi a atins o coardă sensibilă. Ce-i drept, fuseserăm nevoiți să-l căutăm. Și plecase de la misiune aproape la fel de repede pe cât venise. Dar dacă nu ar fi făcut-o? Dacă ar fi spus „o iau de aici"? Aş fi fost în stare, dată fiind situaţia ta medicală, să i te dau înapoi? Să am încredere că un om atât de absent din viaţa ta ar fi făcut tot posibilul să ţi-o salveze? Ar fi fost corect din partea mea în ceea ce te priveşte? Sau în ceea ce-l privea?

Să fie cum a zis o dată Papa Ioan al XXIII-lea, că e mai uşor pentru un tată să aibă un copil decât pentru un copil să aibă un tată? Cine trebuie să facă un pas înapoi? Este un semn de întrebare cu care asistenţii maternali se confruntă în mod regulat, de aceea agenţiile de adopţie au reguli stricte privind drepturile părinteşti. Dar noi nu eram nici una, nici alta. Eram, şi suntem, un loc unde copiii haitieni lipsiţi de opţiuni găsesc iubire şi adăpost. Iar când sănătatea ţi-a fost ameninţată şi te-am adus la Michigan, pe când zăceai în patul acela de spital, cu tuburi şi monitoare şi cu bandajul alb pe căpşor, drepturile parentale asupra ta erau ultimul lucru la care ne-am fi putut gândi.

Or acesta, Chika, este un alt lucru pe care l-am învăţat de la tine: ce înseamnă şi ce nu înseamnă „al tău" când e vorba despre copii. Este o lecţie importantă, motiv pentru care am pus-o pe această listă.

Că tot veni vorba, uneori chiar şi prietenii folosesc pronumele posesiv „al tău". „Este minunat ce faci pentru un copil care nu este al tău." Mă doare să aud cuvintele astea şi mă nedumereşte cum îşi pot imagina că eforturile ar fi cumva diferite dacă am avea acelaşi ADN. Îmi amintesc că, odată, stăteam amândoi în faţa oglinzii şi ţi-ai pus braţul pe lângă al meu. Am crezut că faci comparaţie între culoarea pielii mele şi a pielii tale. În schimb, ai arătat cu degetul spre alunița de la încheietura mea și ai zis:

– Nenea Mitch, de ce ai umflătura aia?

Asta te interesa pe tine.

E al tău, dar nu e al tău. Toate documentele de la orfelinat sunt semnate de mine. Ne obligă să-i îngrijim, să-i hrănim, să-i educăm și să-i protejăm pe copii, lucruri pe care trebuie să le facă mamele și tații. Dar, la urma urmei, sunt documente despre responsabilitate, nu despre paternitate. Pentru toți copiii noștri eu sunt nenea Mitch, tutorele lor legal, așa cum am spus și când am fost prima dată la spital cu tine. Câteodată simt că ne diminuează rolul. Cu toate astea, când mă uit în jur, suntem noi, eu, miss Janine sau personalul nostru atât de plin de compasiune, cei care-i sărutăm pe copii de noapte bună, îi trezim dimineața, le legăm șireturile, le pregătim sandviciurile, le citim cărți sau fugim cu ei repede la doctor dacă au ceva.

Și nu am adus pe lume niciunul dintre sufletelele acestea. Or acest adevăr nu poate fi niciodată trecut cu vederea. Recent, unul dintre copiii noștri cei mai mari, pentru care obținuserăm o bursă de studiu în Statele Unite, a făcut o cerere pentru a-și vedea tatăl biologic din Haiti, care nu făcuse niciodată parte din viața lui. Bărbatul l-a dus repede la prietenii săi, fălindu-se:

– Ia uitați ce băiat am! E deștept, a ajuns la facultate în America!

Tânărul ne-a spus că s-a simțit revoltat, de parcă persoana aceea, care nu fusese niciodată prezentă în viața fiului său, ar fi avut vreun merit în legătură cu ceea ce băiatul devenise.

Mă întreb, Chika, dacă cineva, în afară de Dumnezeu, poate ridica pretenții în privința unui copil.

Am văzut cu ochii mei cea mai pură dintre legături între o mamă adoptivă și copiii ei, așa cum am văzut și bebeluși neajutorați abandonați de cei care le-au dat naștere. Se mai întâmplă și invers. Dar, după o vreme, cazi la pace cu adevărul: iubirea este cea care ne leagă cu adevărat unul de celălalt. Totul se reduce, întotdeauna, la iubire.

În ziua în care tatăl tău s-a întors acasă, la Tabarre, ai făcut febră mare și ai vomitat din nou. În noaptea aceea, în vreme ce el adormea în casa lui din bolțari, tu ai plâns până ai adormit, acolo, la misiune. În ziua următoare păreai atât de slăbită încât, când a venit momentul să plecăm, nici nu i-ai mai salutat pe copii. M-ai luat de mână și m-ai condus la mașină.

La aeroportul Port-au-Prince te-ai plâns că nu puteai merge pe jos, așa că te-am luat în brațe și am stat așa la cozi, cu un braț sub tine și cu valiza în mâna cealaltă. Când ne-am îmbarcat în avion, ți-am pus o pernă pe cotieră.

– Culcă-te, scumpa mea, ți-am șoptit.

Ți-ai pus capul pe pernă. După câteva secunde mi-ai murmurat:

– Nenea Mitch?

– Da, Chika.

– Tu ce o să faci când eu o să dorm?

– O să citesc, am spus. Și-o să mă gândesc la cât de mult te iubesc.

Ai încuviințat dând din cap, cu ochi strălucitori.

– Așa o să fac și eu.

În momentul acela nu-mi păsa cine al cui era. Eu eram al tău, chiar dacă tu nu erai a mea. Și-n timp ce te mângâiam pe fruntea fierbinte de febră, am știut că așa va rămâne pentru totdeauna.

Cinci

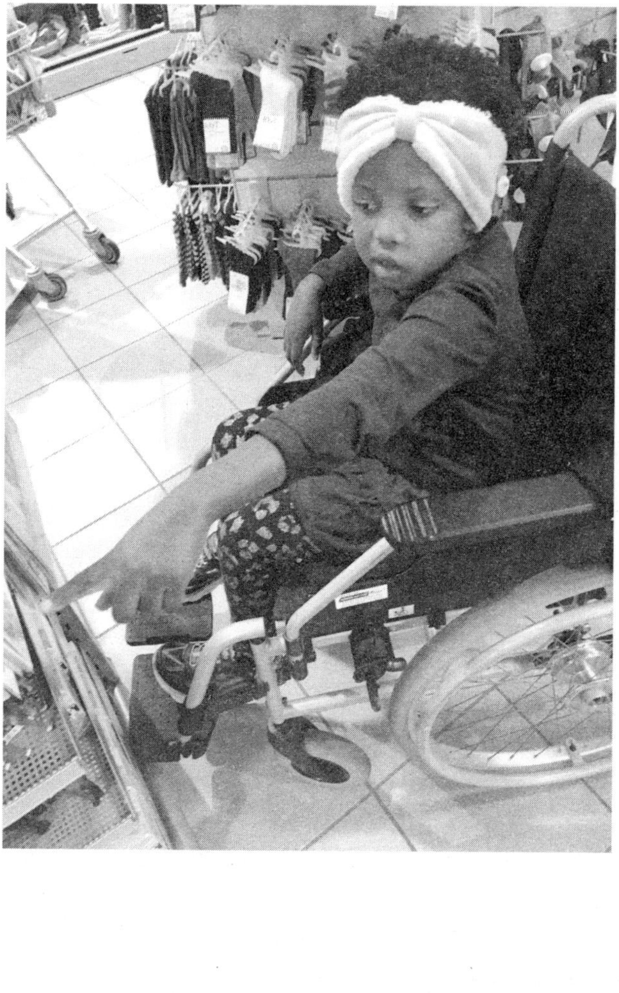

Noi

Anul Nou trece şi Chika nu mă vizitează. Ca întotdeauna de sărbători, plec în Haiti; petrecem cu artificii şi cântând „Auld Lang Syne”, iar copiii scriu pe un caiet (pe care apoi îl vârâm într-un plic) promisiuni pentru anul care o să vină. („O să fac curat în curte...”, „Nu o să mai vorbesc la ore.”) Îl deschidem apoi după douăsprezece luni ca să vedem cum s-au descurcat.

De Anul Nou se serveşte un fel de mâncare special, *soup joumou*, o delicatesă din dovlecel alb, cartofi, legume, ceapă, usturoi şi bucăţi de carne de vită. Supa era interzisă sclavilor la sfârşitul secolului al XVIII-lea şi se mănâncă pe 1 ianuarie pentru a comemora revoluţia din Haiti care, în 1804, i-a adus independenţa. În toată ţara, indiferent cât de sărace, familiile degustă această supă de parcă ar fi, literalmente, gustul libertăţii. Este o tradiţie care-i face să se simtă mândri. Unii dintre copiii noştri sunt destul de mari încât să înţeleagă acest lucru. Cei mici sunt doar fericiţi să mănânce supa.

În fiecare seară, după ce ne spunem rugăciunile, cântăm un cântec în amintirea Chikăi: „L-O-V-E” al lui Nat King Cole, pe care obişnuia să-l fredoneze prin casă. Copiii cântă cu voce tare, silabisind versurile şi bătând din palme când melodia ajunge la *V is very - clap - extraordinary.*[22] La sfârşitul melodiei, strigă împreună: „unu, doi, trei, noapte bună, Chikaaa!"

În seara aceea mă duc în camera fetiţelor. Patul Chikăi este încă gol. Ultima dată când au văzut-o fusese în timpul acelei vizite scurte când febra şi voma făcuseră din ea umbra fetiţei care era. Nu s-a mai întors niciodată în Haiti. Poate că a fost mai bine aşa. Să amesteci copiii când vine vorba să spui adio este prea complicat.

Când m-am întors la Michigan, afară ningea; dimineaţa am făcut focul în şemineu. Mă răsucesc şi o văd pe Chika ieşind târâş de sub birou; poartă pantaloni scurţi albaştri şi un tricou în dungi, alb cu roşu.

– Arrrrggghhh! face la mine, ţinându-şi degetele precum ghearele de tigru.

Bună dimineaţa, fată frumoasă, spun.

– Voiam să te sperii!

M-ai speriat.

– Atunci de ce nu ai ţipat de frică?

Scuză-mă, zic. Ce făceai acolo, sub birou, Chika?

– Oh.

Îşi studiază degetele.

– Ştii tu. Mă uitam după ceva.

După ce?

Pufneşte şi-şi ridică sprâncenele.

---

22 „V vine de la ceva foarte, foarte special" (în original, în lb. engleză). Melodia asociază fiecărei litere care compune cuvântul „love" o sintagmă, frază sau expresie care reprezintă o declaraţie de dragoste. (n. tr.)

– Uşi fermecate! Ce altceva?!

Spitalul Mott avea uşi fermecate. Ştiam asta pentru că merseserăm acolo de multe ori, inclusiv când eu şi Chika ne întorseserăm din Haiti. Ardea de febră, era apatică, respira greu, aşa că am dus-o la Urgenţe, lângă noi, dar după ce i-au făcut analizele de sânge şi multe alte teste, un doctor de acolo ne-a spus că nu este foarte familiarizat cu medicamentele pe care le lua Chika şi ne-a sugerat să mergem cât mai repede la Mott, unde cazul ei era cunoscut.

– Ar putea fi ceva grav, ne-a spus doctorul.

Janine plângea în ambulanţă, în timp ce eu o urmam cu o maşină spre Ann Arbor; am vorbit la telefon tot drumul.

– Au spus că ar putea fi septicemie, a susurat Janine.

– Nu ştim încă, am încercat s-o liniştesc.

Până la urmă, s-a dovedit că toată problema, şi motivul pentru care Chika se simţise atât de rău în timpul vizitei în Haiti, fusese cauzată de portul pe care echipa medicală insistase să i-l pună. Cumva, portul fusese infectat de bacterii în timpul singurei transfuzii pe care Chika o făcuse cu ajutorul acelui port.

Drept rezultat, a trebuit să-şi petreacă nouă zile în patul de spital, luptându-se cu o febră neiertătoare. A fost testată pentru tot, de la meningită la tuberculoză. Avea un nodul la plămân care-i îngrijora pe medici pentru că-i putea cauza embolie pulmonară. Au încercat fel şi fel de antibiotice. I s-au luat culturi de laborator, care apoi au fost studiate. Şi toate din cauza bacteriilor care intraseră în fluxul sangvin prin ceea ce Janine avea să numească pentru totdeauna „porcăria aia de port”, care, bineînţeles, i-a fost imediat îndepărtat Chikăi.

– Nu am fost niciodată de acord cu chestia aia, mormăia Janine.

M-am simţit de parcă ar fi fost vina mea.

– Ce altceva puteam face? am spus.

– Nouă zile, Mitch, nouă zile a stat aici. Uită-te şi tu cât de slăbită arată.

– Dar nu-i găseau vena!

Mi-a întors spatele.

– Ce *altceva* puteam face?! am urlat.

Cu cât Chika era mai rău, cu atât eu şi Janine ne certam mai des. Dar nu era deloc surprinzător. Să te lupţi cu boala unui copil, întrebându-te tot timpul dacă ai luat decizia corectă, este extrem de stresant. Te simţi pierdut. Nesigur. Unul se poate simţi încrezător, dar celălalt nu, iar diferenţa asta stârneşte furie. De fapt, cel mai adesea ne certam parcă pentru a ne convinge că mai aveam speranţe.

Apoi totul a devenit despre Chika, despre lucruri mărunte. Eu consideram unele activităţi sigure, Janine spunea că nu. Eu ziceam că o anumită emisiune la televizor era potrivită pentru Chika, Janine că nu. Ne ciondăneam în legătură cu antibioticele sau cu alimentele. Janine zicea:

– Nu vreau să încerce asta.

Iar eu repetam:

– Şi ce vrei să facem, să stăm cu mâinile în sân?

Cred că totul se limita, de fapt, la un singur lucru: teama de a face o alegere greşită sau de a pierde o oportunitate bună. Teama de ceea ce avea să urmeze.

Pe Chika o rănea să ne vadă aşa. Nu-şi dorea decât armonie. Ne întrerupea dând din braţe ca un arbitru şi spunând tare:

– Bine, bine, bine!

Într-una din nopţile când ne aflam la spital, şi eu, şi Janine eram supăraţi în legătură cu ceva. Eu dădeam din cap, repetând furios:

– Nu-mi vine *să cred!*

Chika ne striga din patul unde stătea:

– Hei, voi, despre ce discutaţi?

– Nimic, Chika, i-am răspuns. Nu-ţi face griji.

– Dar sună atât de *triiist!*

M-am apropiat de ea.

– Da, unele lucruri în viaţă sunt triste, altele sunt fericite. Ca tine. Tu eşti motiv de fericire. Ne faci fericiţi.

Văzându-mi frustrarea de pe chip, a început să plângă.

– De ce plângi, Chika?

– Pentru că, a zis oftând, nu ştiu cum.

– Cum să ce?

– Cum să vă fac fericiţi.

A fost ultima noastră discuţie de faţă cu ea. Şi momentul în care am realizat că eu şi Janine nu ne aveam decât unul pe celălalt. Citiserăm că multe cupluri divorţează după ce pierd un copil. Noi eram hotărâţi să nu o apucăm pe drumul acela. Am făcut în aşa fel încât certurile noastre să se încheie înainte să ajungă să ne rănească prea tare. Când unul din noi murmura „îmi pare rău", celălalt răspundea „şi mie îmi pare rău", apoi oftam şi ne încurajam pentru pasul următor.

Când am scos-o pe Chika de la spitalul Mott, devenise evident că lupta ei cu infecţia avusese un preţ. Mersul i se înrăutăţise. La fel şi capacitatea de a vorbi. În plus, se alesese cu un nou „amic", un cateter central periferic sau tub PICC, care-i ieşea din braţ şi prin care îi erau administrate tratamentele sau i se făceau analizele de sânge. Trebuia să-i dăm antibiotice prin acel tub de trei ori pe zi. Era acoperit de o mică mânecă din pânză care nu putea fi udată, ceea ce însemna că trebuia să avem grijă la duş şi că de înot, pe care Chika îl adora, nici nu se mai putea pune problema. Era vară, vreme de mers la ştrand. Părea atât de nedrept!...

Chika însă se simţea uşurată că era acasă. Se întorsese în patul ei, lângă noi. În prima sa dimineaţă acasă, Janine s-a ridicat şi s-a aşezat lângă ea, punându-se pe şuşotit; nu le-a luat mult să ajungă la subiectul preferat al Chikăi: nunţile. Janine o întreba pe Chika unde credea că avea să-l întâlnească pe băiatul cu care avea să se căsătorească.

– La restaurant, a răspuns ea.

Am râs pe înfundate. Ce imaginaţie avea!

Apoi mi-am dat seama că eu şi Janine ne-am întâlnit la un restaurant. Şi că îi spuseserăm asta odată. Chika. Serios. Îşi amintea absolut tot.

Dar să ne întoarcem la uşile fermecate. Sunt mici portaluri din lemn, de vreo cincisprezece centimetri, ascunse în plinte în diferite locuri din spitalul Mott.

Când le deschizi, dai de un desen. Tinker Bell.[23] O prințesă. Oamenii erau încurajați să lase acolo monede, astfel încât să le facă surprize micilor pacienți când aceștia le deschideau.

Chika era obsedată de ușile fermecate, tot timpul le căuta. Insista să pornească în căutarea lor și când era cu perfuzii; pornea cu suportul perfuzorului după ea. La un moment dat am găsit una, iar când Chika a pornit în căutare, i-am luat-o înainte, spunându-i că mă duc după zâne, și-am vârât o bancnotă de un dolar în spatele ușiței.

– Ia uite! O mie de dolari! exclamase Chika, după ce dibuise ușa și o deschisese.

(Nu i-am explicat niciodată valoarea banilor.)

Mi-a pus bancnota în palmă și a pornit din nou în căutare.

Privind-o în timpul acelei căutări optimiste și trecând din salon în salon, unde vedeam părinți ținându-se cu mâinile de cap, mi-am dat seama de ceva important: speranța este vitală. Este aproape obligatorie pentru soldații care trec prin vremuri grele. Pe de altă parte, nimic nu provoacă mai mult rău decât lipsa de speranță. Cred că este mai dureroasă decât orice suferință a trupului.

Nu o puteam apăra pe Chika de tumoare, de durere, nici măcar de moarte. Am încercat însă să proiectăm asupra ei o aură de optimism, să o facem să creadă că noi, și doctorii, și asistentele știam bine ce făceam, că viața era încă plină de comori nedescoperite.

---

[23] Personaj din piesa *Peter Pan,* scrisă de J.M. Barrie în 1904. Este o zână de dimensiuni minuscule, cu aripi, și prietena bună a lui Peter Pan. Praful său magic îi ajuta să zboare pe copiii din Țara de Nicăieri. (n. tr.)

Deznădejdea poate fi contagioasă. Dar şi speranţa poate fi şi nu există medicament mai bun decât aceasta. Încrederea Chikăi în noi ne-a ajutat să credem şi noi în propria persoană.

Cu siguranţă există un viitor; speranţa nu se va stinge niciodată. Asta e din Proverbe. Am încercat cu disperare să trăim în acest fel, să credem în lucrurile bune dincolo de toate micile uşi pe care le deschidea Chika.

– Nenea Mitch.

Da.

– Unde sunt uşile *tale* fermecate?

Nu avem uşi fermecate aici. Doar la spital găseşti.

– Nuuu.

Ai mai văzut tu pe undeva?

– Într-o mulţime de locuri.

Cum ar fi?

Îşi sprijină cotul de genunchiul meu şi bate cu degetul arătător pe obrazul ei. Cred că a văzut gestul prin filme. Înseamnă că o persoană stă şi se gândeşte.

– Germania, spune.

„Copiii nu-ți distrag atenția de la lucrurile importante.
Ei sunt lucrul cel mai important."

— DR. JOHN TRAINER

Tu

Ei bine, dacă tot ai adus vorba despre asta...

Ţi-am ascuns multe lucruri despre toată aventura medicală prin care ai trecut, Chika. Cercetare. Telefoane. Videoconferinţe. Eram hotărâţi să te protejăm de orice neplăcere, dar, aşa cum poate confirma oricine are grijă de un copil bolnav, căutarea unui leac îţi ocupă fiecare gând. Stai treaz nopţile, întrebându-te la ce să mai apelezi, storcându-ţi creierii, ca nu cumva să ratezi ceva.

Iar în sensul ăsta, internetul este şi cea mai bună, dar şi cea mai proastă invenţie din lume. Pentru persoanele care luptă împotriva bolilor grave a devenit şi fată morgana, şi aducător de confuzie, şi un coşmar, un bazar dezordonat plin de speranţe, dar şi de oroare. E suficient să cauţi după cuvântul greşit ca să ţi se deschidă uşile spre site-uri şi poveşti de care nu vrei să afli, revendicări dintre cele mai bizare, inimi frânte, acuzaţii de malpraxis şi fraude şi o listă infinită de rezultate care încep aşa: *Care sunt cauzele... Care sunt tratamentele... Care sunt simptomele...* Când tot ce-ţi doreşti să citeşti este: *Care este leacul...* Dar nu e niciodată atât de simplu.

Am citit acum mai mulți ani despre vraci nativi americani care nu vorbesc decât rar despre cunoștințele lor sau care, în unele cazuri, nici măcar nu-și dau numele, atât de prețioase sunt considerate abilitățile lor. Ei bine, pe internet este exact invers. Găsești mii de teorii, contactele a mii de medici și rămâi cu teama de a sfârși în vizuina vulpii.

La începutul aventurii tale, Chika, am evitat internetul exact din aceste motive. Dar după ce ai făcut septicemie, trebuia să fim mai vigilenți, să căutăm dincolo de convențional. Erai deja pe Panobinostat, un medicament inhibitor de deacetilază histonică, pentru că un medic de la Stanford obținuse rezultate promițătoare pe șoareci. Ai mai făcut o sesiune de radioterapie, o abordare țintită, riscantă, care fusese, însă, singura cu rezultate tangibile. Îți controlam îndeaproape dieta. Îți beai milkshake-ul zilnic, deși te strâmbai în fel și chip când îl înghițeai.

Dar ajunseserăm la capătul lianelor, nu mai era niciuna de care să ne agățăm. Ajunși aici, aflaserăm deja despre multe cazuri de DIPG. Luau adesea cam aceeași cale. Radioterapie. Chimioterapie. Apoi totul se înrăutățea și se sfârșea cu o înmormântare.

Căutând povești alternative, deși fără tragere de inimă, ne-am adâncit în lumea internetului. Am citit de toate. Studii clinice. Postări pe Facebook. Am dat telefoane dincolo de ocean.

Am găsit un studiu în Londra, care mai întâi a luat în considerare cazul tău, apoi te-a „descalificat" din cauza tratamentelor anterioare (ce cuvânt urât, *descalificat*), de parcă ai fi încălcat vreo regulă și din cauza asta nu mai puteai fi tratată.

Totuşi, ne-au sugerat un medic belgian care lucra în Germania şi care era deschis la cazuri precum al tău. Era specializat în imunologie. Şi se ocupa mai ales de cazurile de DIPG.

Numele său era Stefaan Van Gool. L-am contactat pe e-mail, iar el a răspuns imediat. Apoi eu şi miss Janine am avut o lungă conversaţie cu el pe Skype. Ne-a răspuns la multe întrebări. Părea un om strălucit şi era amabil; avea patru fete cu care cânta la vioară la concerte de muzică clasică. Dar, cel mai important, ne-a vorbit despre tratamente de care noi nu auziserăm în America, un vaccin creat din leucocitele şi antigenele tumorale ale pacientului, utilizat pentru a produce un răspuns al sistemului imunitar care să-i permită să atace cancerul. Cel puţin aşa sperau. Medicii noştri din Michigan nu auziseră de această procedură.

– Ar trebui să vă duceţi, dacă credeţi că va ajuta, au spus.

Şi astfel a venit toamna; copiii de la misiunea din Haiti s-au întors la şcoală, iar noi ne-am luat bilete de avion şi am închiriat un apartament în Köln, Germania, la patru mii de kilometri distanţă de casă. La şaisprezece luni de la prognosticul primit, cu alte cuvinte, la mai mult de un an după cele patru luni pe care ţi le dăduseră doctorii, iată-ne în drum către o ţară străină şi nouă, cu tine aşezată între mine şi miss Janine.

Vreau să vorbesc despre bucurie.

Când mă uit înapoi la aventura noastră, îmi dau seama că au fost momente când nu i-am dat suficientă importanţă. În ultimele faze, nevoile tale zilnice erau foarte mari. Ne lua mai mult să te îmbrăcăm. Îmbăiatul era un proces meticulos. Tubul PICC trebuia spălat şi sterilizat. Trebuia să fie mereu cineva prin apropiere pentru a te ridica şi a te duce de colo până colo, fie eu, fie altă persoană.

Din acest motiv, am trecut uneori cu vederea faptul că, în ciuda provocărilor fizice, mintea ta a continuat să se dezvolte. Ai devenit mai inteligentă. Şi, dacă nu ai fi avut tu grijă, prin modul în care te exprimai, să ne aminteşti că înfloriseşi, te transformaseşi într-o tânără fiinţă pe deplin formată, am fi putut rata această bucurie.

O dată, citeam un e-mail lung; am oftat şi exclamat:

– Frăţicăăă!...

– De ce zici „frăţică"? ai întrebat. Nu e niciun frăţică pe-aici.

– E doar un mod de a spune, Chika.

– Şi-atunci de ce nu zici „băi fatăăă"?

Altă dată, ai cerut un pahar cu apă. Te-am avertizat că era rece.

– Apă rece, inimă caldă, ai spus.

(De unde ai mai scos-o și pe *asta*?!)

O dată ai întrebat-o pe miss Janine:

– Pot să am doi soți?

Și când te-a întrebat, la rândul ei:

– Câți copii îți dorești?

– Unul! ai răspuns răspicat.

– De ce doar unul?

– Pentru că atâta POT DUCE ÎN BRAȚE!

Pe drumul de întoarcere de la o sesiune de radioterapie m-ai întrebat:

– Nenea Mitch, unde mergem?

– Nicăieri, am zis.

– Mă iei și pe mine nicăieri cu tine? a fost replica ta.

Într-o dimineață eram la mine în birou. Mi-a sunat telefonul. Erai tu, de pe fix.

– Nenea Mitch, vrei să ne jucăm de-a cortul de lux?

Am venit în dormitor și v-am găsit pe tine și pe miss Janine sub pături. Când m-am strecurat lângă voi, ai zis:

– La cortul de lux avem reguli. Eu sunt șefa. Miss Janine este șefa a doua. Poți să fii și tu șeful al treilea. Acum hai să ne jucăm.

Dacă aș putea schimba toate aceste momente, Chika, tot ce aș face ar fi să le prelungesc. Să ne lăsăm cufundați cu totul, astfel încât să nu uităm niciodată. *A te bucura* este un verb pe care-l folosesc rar când vine vorba despre viața de zi cu zi, dar, în cazul acesta, este cel mai potrivit. *A te bucura.* A te desfăta cu cele mai amuzante detalii. Nici nu știi ce simt când mă uit la fotografiile făcute în acele zile și văd zâmbetul tău ștrengăresc neobosit la minigolf, deși abia puteai ține crosa, sau la cumpărături la mall, deși trebuia să stai în căruț, sau la un bâlci, deși trebuia să te duc în brațe de la o atracție la alta.

Indiferent cât de absorbiți eram de problemele medicale, tu erai neobosită când venea vorba despre distracție.

Ca să o parafrazez pe Emily Dickinson, pentru că noi nu ne permiteam să ne oprim să ne bucurăm, ai știut să ne oprești tu.

Spiritul tău nu înceta să ne uimească.

Stă la masa din bucătărie și mă urmărește.

– Ce faci?

– Citesc o carte.

– Ce fel de carte?

– Despre Haiti.

– Și de ce folosești chestia aia galbenă?

– Ca să subliniez lucrurile importante.

– Nenea Mitch?

– Hmm?

– Data viitoare când mergem în Haiti, pot să rămân acolo?

– Trebuie să te întorci cu mine.

– De ce?

– Pentru că trebuie să continuăm să mergem la doctor. Încă ești un pic bolnavă.

Ți-am răspuns fără să mă gândesc. Nu mi-am dat seama că era prima dată când foloseam cuvântul „bolnav" referindu-mă la tine.

– Dar eu nu sunt bolnavă! Nu sunt bolnavă!

– Bine.

– Am niște probleme cu mersul, atâta tot.

Tu

Când am aterizat în Germania, ai făcut cunoştinţă cu alt „amic".

Un scaun cu rotile.

Ai apucat mânerele.

– Este pentru mine? ai întrebat.

Nu am putut să te privesc. Spre final, Morrie fusese obligat să folosească un scaun cu rotile. Mama, după atacul cerebral, sfârşise şi ea într-un scaun cu rotile. Tata împinsese de el vreme de un an, până când suferise, la rândul său, un atac cerebral, alăturându-i-se astfel în lumea celor care priveau viaţa din poziţie şezută, încadraţi amândoi de câte două roţi uriaşe, ce necesitau un spaţiu mare de manevră.

Pentru o perioadă, am încercat să le asigurăm aceeaşi rutină, să-i ducem la cinematograf, la restaurant, cu ajutorul asistenţilor la domiciliu, care-i aşezau sau îi scoteau din maşină. Dar lumea a încetinit. Nu eram acceptaţi decât în anumite locuri. Îi vedeam uneori cum cedau în faţa resemnării, umbre obosite ale persoanelor vivace care fuseseră odată. N-aveam cum să te văd şi pe tine, Chika, într-un scaun cu rotile fără să simt un nod în gât.

Dar tu, ca de obicei, vedeai lucrurile diferit. Pentru tine, scaunul cu rotile era un mijloc care-ți permitea să ajungi mai repede unde doreai, ceea ce mă ajuta și pe mine să-ți fiu alături. Am folosit acel prim scaun pentru a ne învârti pe aeroportul din Köln și pentru a ajunge la parcare. Când mașinile treceau în viteză pe lângă noi tu spuneai:

– Mai repede, nenea Mitch. Vezi că dau peste noi!

Când am ajuns la apartamentul pe care-l închiriaserăm, te-am dus în brațe de la mașină, am traversat, am trecut prin fața unei stații de autobuz și apoi prin ușile de la intrare. Odată ajunși înăuntru, am avut două surprize: gazda, o italiancă plină de energie, pe nume Antonietta, și un șir infinit de trepte.

– Nu avem lift, a spus Antonietta, văzând că te duceam în brațe. Îmi pare rău.

Așa că, pe lângă scaunul cu rotile, noua noastră rutină includea coborâtul și urcatul scărilor cu tine în cârcă, agățată de gâtul meu. Erau nouăsprezece trepte. Iar tu aveai douăzeci și șapte de kilograme. Prin urmare, când ajungeam sus, nu mai aveam suflare. Bineînțeles că pentru tine și asta făcea parte din distracție.

– Nenea Mitch, du-te să te culci. Te văd cam obosit, ciripeai.

Te duceam înăuntru, fuga-fuga în dormitor, și te puneam pe pat, gâfâind. Când ne-am întors acasă, am fost diagnosticat cu hernie.

Dar tu nu aveai de unde să știi asta. În schimb, râdeai, de parcă totul era o aventură. Aproape că uitasem de ce ne aflam acolo, de fapt.

Clinica din Köln se afla la etajul cinci al unei clădiri multifuncționale de birouri, cu un club de sănătate la etajul de dedesubt și un supermarket în apropiere. Spre deosebire de spitalele din Michigan, nu existau holuri dichisite, nici pereți din sticlă, nici opere de artă sau picturi cu Superman. Doar holuri cu lambriuri, camere mici de consultație, birouri din lemn și pereți subțiri. Trebuia să facem viraje cu scaunul tău pentru a ne mișca pe-acolo.

Dar personalul era foarte prietenos, iar doctorul Van Gool, cu halatul său alb de laborator, era un om impresionant. Un expert în imunologie belgian extrem de respectat; venise în Germania, ne-a spus el, deoarece legislația de acolo în ceea ce privea relația medic-pacient îi permitea să-i ajute mai ușor pe copiii care aveau nevoie. Vorbea mai multe limbi, inclusiv o engleză academică ce uneori ne punea în dificultate. Însă era plin de căldură. Era mic de statură și îndesat, cu un păr ca de mătură, de culoarea paiului, care încadra o frunte înaltă și o față jovială, obraji rumeni și un zâmbet larg. Ți-a plăcut imediat de el.

– *Degi*, a început (așa își începea mai toate frazele), iată cum vom proceda.

Ceea ce făceau ei părea genial. Mai întâi, luau mai multe probe de sânge pentru partea de studiu în laborator. Apoi îți infuzau ceva numit *virusul bolii de Newcastle*, o boală mortală pentru păsări, care însă nu era periculos pentru oameni. Prezența virusului provoca răspunsul sistemului imunitar, pe care mai întâi îl studiau, pentru ca apoi să recolteze celulele după cinci zile. Speranța era ca ceea ce sistemul imunitar crea ca apărare să poată fi stimulat de ei prin injectarea acestor celule modificate în cele recoltate anterior, pe care apoi le manipulau în laborator, cu milioanele, ca să le injecteze ulterior în fluxul tău sangvin sub formă de vaccin. Teoretic, celulele modificate aveau să-ţi stimuleze sistemul imunitar, făcându-l să atace tumoarea DIPG.

Era ca şi cum ţi-ar fi antrenat corpul pentru a combate un inamic pe care tocmai acesta îl crease. Ceea ce, altfel spus, este cancerul.

Bineînţeles că pentru tine, Chika, asta făceam noi la etajul cinci: îţi scoteai geaca roz, iar noi te ridicam şi te puneam pe masa de consultaţie. În timpul infuziei, procesul era stimulat prin electro-hipertermie modulată. Cu alte cuvinte, ţi se apăsa pe cap o placă rotundă pentru a transmite un câmp electric în zona tumorii.

Nu te-ai plâns niciodată. Nu ai întrebat niciodată de ce. Te uitai pe iPad la *101 dalmaţieni* (adorai filmul acela!) până când venea momentul să plecăm.

O dată, la plecare, ai strigat din scaunul tău cu rotile:

– PAAA!

Nu te-ai adresat cuiva anume. La ieşire, am apăsat butonul de la lift, iar tu te-ai pus pe cântat:

– *The SUN will come OUT, TOMORROW!* [24]

Multe ar fi de povestit despre procesul imunologic, dar deocamdată n-am să o fac, Chika, pentru că aceste pagini pe care le scriu sunt despre cât de fericită ai fost în Germania. Apartamentul nu era nici pe departe casa noastră mare din Michigan. Era mai degrabă mic decât funcţional: o chicinetă, o sufragerie, un dormitor şi

[24] „MÂINE soarele va ieşi din NOU!" (în original, în lb. engleză) (n. tr.)

baia între ele. Dar ţie ţi-a plăcut la nebunie. Era nou, cu pereţi albi, numai buni de desenat cu carioca ta. Şi era al tău. Dar, mai ales, noi eram ai tăi. În Germania telefonul nu suna. Nu venea nimeni să ne bată la uşă. Nu plecam niciodată la serviciu. Şi ne făceam toate plimbările (la clinică, la magazin) împreună. Te căram până jos, apoi te puneam în scaunul cu rotile, blocam suporturile pentru picioare, îţi puneam centura de siguranţă şi porneam.

Köln este un oraş foarte frumos, iar la sfârşitul lunii septembrie cerul era de un albastru strălucitor. Te împingeam pe străzi şi prin mall-uri şi tu cântai aşa de tare, că se întorceau oamenii să se uite la noi. Cântai orice îţi trecea prin minte, de la „Blue Room" a Ellei Fitzgerald, la „Santa Claus Is Coming to Town". Când eram în apartament, îţi ziceam să cânţi „în sinea ta", dar pe străzile aglomerate erai liberă să faci ce voiai.

Te împingeam pe bulevardul care ducea la Kölner Dom, faimoasa catedrală din Köln, veche de secole. Turlele se ridicau la 157 de metri înălţime, ca săgeţi îndreptate spre ceruri.

– Oh, nu! ai exclamat când ai văzut-o prima dată.

– Oh, nu ce?

– Oh, nu, n-am mai văzut niciodată AŞA CEVA!

Amândoi ne-am ridicat privirea, iar tu ţi-ai înălţat un braţ spre soare. Mâncai o bucată de covrig bavarez.

– Chika ştii ce este asta?

– Castelul unei prinţese?

– Nu, este o biserică. Unde oamenii merg să se roage.

– Şi pentru ce se roagă?

– Ei bine, cred că se roagă cam pentru orice. Se roagă pentru familiile lor și se roagă să se facă bine dacă sunt bolnavi. S-ar putea ruga chiar și pentru tine.

– Nu se roagă ei pentru *mine*. Doar nu sunt *copilul* lor.

– Nu se știe niciodată.

– Dar nici măcar nu mă *cunosc*.

– Nu trebuie să te cunoască neapărat ca să se roage pentru tine, scumpo. Poate se roagă pentru că ești o fetiță minunată și își doresc să fii sănătoasă. Poți și tu să te rogi pentru ei, dacă vrei.

Ai încuviințat dând încetișor din cap, ca și cum ai fi rumegat ce-ți spusesem, ți-ai înghițit covrigul și te-ai uitat lung la turlele uriașe.

– Uau! am murmurat.

– Uau, ai zis și tu.

Că tot vorbim despre rugăciuni...

Singura fotografie pe care o avem cu tine bebelușă este de la botezul tău. Te ține în brațe un preot. Ai un zâmbet enorm și ochii îndreptați spre rai. Pare prima dovadă a credinței tale pline de bucurie.

Rugăciunile au fost mereu prezente în scurta ta viață. Mi s-a spus că mama ta se ruga în timpul slujbei transmise la radio, iar nașa ta se ruga mereu. La misiune, tu și copiii vă rugați în fiecare dimineață, în fiecare seară și în fiecare duminică la biserică, la slujbă. Nu ai mâncat niciodată înainte să spui: „Mulțumesc, Doamne, pentru bucatele de pe masă...” Recitți tot „Tatăl nostru” înainte de a merge la culcare.

Prin urmare, rugăciunile te-au însoțit întotdeauna. Dar cel mai adesea era vorba despre un ritual și despre recunoștință.

Noi, însă, spuneam rugăciuni pline de disperare.

Într-o seară, în Germania, ți-ai împreunat mâinile pentru a binecuvânta mâncarea și ți-ai închis ochii, dar stângul a rămas deschis. Noaptea a trebuit să-ți punem picături și să ți-l acoperim, astfel încât să nu se usuce.

Tu ai acceptat toate acestea pentru că îți spuneam noi că era important. Dar când te vedeam așa, Chika, mă prăbușeam în genunchi. Să te privesc dormind cu ochiul stâng acoperit de un plasture alb?! Sau întinsă pe o masă în timp ce ți se recolta și mai mult sânge? Rugăciunile mele erau mai mult pledoarii.

Doamne, te rog, de ce trebuie să treacă prin asta?

Doamne, te rog, e doar o fetiță.

Tot timpul cât ai stat cu noi am auzit de la unii oameni că „e voia lui Dumnezeu" și că „așa vrea Dumnezeu". Vreau să știi că am acceptat acest lucru fără să opun rezistență, însă, dacă ar fi fost adevărat ce ziceau, poate că nu te-am fi luat niciodată la noi, în America, să te operăm, nici nu ne-am fi opus tratamentelor convenționale, nici nu te-am fi dus în Germania. A fost voia lui Dumnezeu să te îmbolnăvești în Haiti? Sau Dumnezeu a vrut să fii vindecată într-o țară străină?

Miss Janine se pricepea la asta mai bine decât mine. Am auzit-o de foarte multe ori recitând încet „Împărate ceresc", singură în camera ei, sau cu prieteni, sau cu surorile sale. Dintotdeauna și-a găsit alinare în rugăciune, în conversațiile ei cu Dumnezeu. Eu îmi găsesc alinarea scriind. Când scrii, e ca și cum ai avea o conversaţie, iar eu, uneori, îmi scriu gândurile ca şi cum Dumnezeu le-ar putea citi şi-L rog să-mi dea putere.

Se spune că rugăciunea îţi aduce pace, dar eu nu mi-am găsit-o, Chika. Recunosc asta. Nu puteam înţelege de ce trebuia să sufere un copil, de ce la clinica din Köln erau atât de mulţi copii care aveau nevoie de ajutor pentru a putea merge sau vorbi. Asta nu înseamnă că mi-am pierdut credinţa în Dumnezeu. Dar mi-a fost pusă la grea încercare. C. S. Lewis, care a scris cărţile despre Narnia ce ţi-au plăcut atât de mult, a spus odată că este uşor să ai încredere într-o frânghie, atât timp cât o foloseşti pentru a împacheta o cutie. Dar când te agăţi de ea şi sub tine se află o prăpastie, e cu totul altceva. Iar eu mă agăţam de sfoara mea cu şi mai mare disperare, în vreme ce starea ta se înrăutăţea. M-am supărat adesea pe Dumnezeu.

Cred că motivul pentru care nu m-am îndepărtat de tot au fost vorbele unui rabin bătrân, pe nume Albert Lewis. Îşi pierduse fiica de patru ani, în anii '50, din cauza unei crize de astm.

L-am întrebat dacă şi el, un cleric cuvios, se supărase pe Dumnezeu din cauza asta.

– Oho, şi încă cum! a zis el.

– Şi-atunci cum de nu ai încetat să crezi?

– Pentru că, a spus, deşi mă simţeam distrus, mă alina să am pe cineva căruia să mă plâng, o putere către care să urlu „de ce?". E oricum mai bine decât să n-ai cui te adresa.

Aşa am abordat şi eu lucrurile, Chika. Uneori mă rugam, alteori urlam şi protestam. Îl întrebam adesea pe Dumnezeu de ce, cum era posibil să permită aşa ceva.

Or tu nu ai pus niciodată această întrebare. Credința ta era pură. Așa cum este, adesea, credința copiilor. Însă asta nu te ferea complet de temeri. Într-o seară, nu reușeai să adormi. M-am așezat lângă patul tău și te-am întrebat dacă te simțeai bine. Ai răspuns că ți-e frică să nu vină Diavolul să te ia în toiul nopții.

– Nu-ți fie frică, am spus. Dumnezeu te veghează, așa că Diavolul nu te poate lua.

Ți-ai întors privirea.

– Și dacă vine când nu se uită Dumnezeu?

Șase

Eu

Pe măsură ce continui să scriu, concentrat asupra paginilor, încep să mă simt rău fizic. Simt furnicături în picioare. Mâinile îmi sunt reci și asudate. Îmi simt creierul în ceață, am amețeli. Într-o dimineață, pe când eram în fața tastaturii, am început să tremur, mi-a crescut pulsul și fruntea mi s-a umplut de transpirație. Mi-au amorțit obrajii. M-am întrebat dacă-mi venise ceasul sau, mai rău, dacă aveam un atac cerebral.

Se întâmplă de mai multe ori. Merg la doctor. Analizele ies toate bine. RMN. EKG. Analizele de sânge. Sunt sfătuit să mă hidratez, să beau mai puțină cafea și să dorm mai mult. Și, poate, să nu mai stau atât de mult în fața monitorului, scriind povestea aceasta; coloana, șoldurile și cervicala mea vor avea de suferit. Dar îmi este în continuare rău, sunt prost dispus, uneori simt cum sângele mi-o ia la goană, mă simt angoasat, ca un acuzat care așteaptă sentința tribunalului.

Janine mi-a pus propriul diagnostic.

– Stai aici zi de zi retrăind o perioadă teribilă. Te afectează emoțional. Jelești. De ce ești așa de surprins de faptul că totul se transpune în reacții fizice?

– Dar de ce acum? ripostez. Doar am făcut deja pace cu toate astea, nu?

Janine mă priveşte într-un mod care mă face să mă simt naiv.

– Ai iubit-o, Mitch.

E tot ce spune.

Şi tocmai de aceea îmi este aşa de greu să scriu această ultimă parte a poveştii.

Eu şi Chika aveam obiceiuri născute din iubire. Nici nu sunt sigur când a început totul. Obişnuiam să mă pun în faţa ei când mi se părea că era tristă, zicându-i:

– Auzi, Chika, ţi-am spus azi cât de mult te iubesc?

Iar ea, ştiind ce avea să urmeze, făcea pe sfioasa.

– Nuuu, răspundea.

– Uite-atât de mult! îi răspundeam.

Şi-apoi îmi deschideam larg braţele.

Şi, cu fiecare săptămână care trecea, trebuia să le deschid şi mai larg, şi mai larg, pentru că ştiam că măsura. În timp, ajunsesem să-mi strâng braţele la spate şi să mă întorc, ca să-i arăt.

– Uite-atââât de mult, gâfâiam, sugrumat de efort.

Asta o făcea să râdă, un râs satisfăcut, pentru că ştia că de dragul ei aş fi depăşit orice limită. După aceea se simţea întotdeauna un pic mai fericită. Un pic mai calmă. Şi eu la fel.

Încă îmi amintesc prima dată când Chika a spus „te iubesc." A durat ceva vreme. Îi plăcea să ne audă pe mine sau pe Janine spunându-i acele cuvinte, dar parcă n-avea nicio grabă să răspundă la fel.

Într-o seară (era deja cu noi de patru luni), mă aflam în aeroport şi am sunat acasă. Chika era plină de energie. Îi plăcuse să o aibă pe Janine numai pentru ea. Se jucau un joc, ceva.

– Bine, am spus înainte să închid, să fii cuminte.

– O să fiu, a răspuns Chika.

– Te iubesc.

– Şi eu te iubesc!

Am clipit simţind cum mă cuprindea o bucurie ameţitoare. Îmi venea să strig la Janine:

– Ai auzit ce-a zis?! Chiar mi-a zis că mă iubeşte?!

Dar Chika a închis telefonul, grăbită să se întoarcă la jocul ei, iar eu am rămas privind telefonul mobil din mână.

Oricum, a fost minunat.

Noi

– Nenea Mitch?

Hmm?

– Am fost de trei ori în Germania.

Așa este.

– Am mers la zoo. Și la podul cu multe lacăte.

Vorbea despre Podul Hohenzollern din Köln, care traversează Rinul, unde cuplurile agață de balustradă „lacătele iubirii", pentru a-și declara angajamentul unul față de celălalt. Acum există mai mult de patruzeci de mii. Greutatea lor a devenit o problemă. Din câte se pare, iubirea poate fi și *grea*.

– De ce nu ne-am mai întors?

În Germania?

– Aham.

N-am putut.

– Vrei să spui că eu nu am putut.

Ezit.

Așa este, spun.

– Mda.

Face o față serioasă.

– Știu.

Se plimbă prin cameră, oprindu-se la rafturile pline de cărţi. Le examinează conţinutul. Afară e frig, un aer iernatic. În dimineaţa asta a apărut alergând spre mine din pragul biroului. Paşii ei nu fac niciun zgomot pe covor. M-am întors la timp ca să o văd făcând ultimii paşi înainte de a se da de-a berbeleacul, aterizând direct în şezut.

– Auci! a făcut.

Privind-o acum, îmi dau seama cât de mult i-am studiat mersul cât timp a fost cu noi. Şi ochiul stâng, şi gura, care erau barometrul stării ei de sănătate. Am văzut-o cu picioarele înţepenite când a sosit la noi şi mergând nesigur după operaţie şi steroizi. Am asistat la o revenire aproape de normal după radioterapie, apoi la o decădere pe partea stângă când a intrat în declin. O dată, între o călătorie în Germania şi cealaltă, am văzut-o plecând de lângă noi cu pas apăsat, supărată că trebuia să ia nu ştiu ce medicamente.

– NU VREAU! a ţipat.

Apoi i-au cedat picioarele. S-a prăbuşit la pământ.

M-am dus s-o ajut, dar ea m-a îndepărtat şi a plecat târâş spre scările care duceau către dormitor. S-a căţărat pe una, după aceea a alunecat înapoi jos, dar s-a căţărat din nou. În timpul luptei sale cu boala DIPG, Chika a renunţat la multe lucruri. Dar nu şi la voinţa de a lupta.

– Hei! Nenea Mitch! spune acum.

Îmi ridic privirea. Are în mână caietul galben. Arată spre penultimul punct de pe listă.

– Ăsta este despre miss Janine?

A șasea lecție

CÂND UN MARIAJ DEVINE O FAMILIE

Ei bine, da, Chika. Ar fi trebuit să scriu mai de la început despre ea. Dar, aşa cum tu ai fost o revelaţie, la fel a fost şi ceea ce am descoperit despre soţia mea.

Ţi-aduci aminte de prima ta dimineaţă de Ziua Recunoştinţei petrecută cu noi? Eu şi miss Janine eram în pat, stăteam de vorbă. Te-ai ridicat şi ai venit mai aproape.

– Pleci la serviciu acum, nenea Mitch?

– Nu azi.

– O să scrii o carte?

– Nu azi.

– Trebuie să pleci undeva?

– Nu. O să stau aici, cu voi.

Ţi-ai întors privirea.

– Nu vrei să stau aici cu tine? am întrebat.

– Ba da...

– Dar?

– Hm, nu trebuie să te duci la serviciu sau altundeva?

Miss Janine a râs. Ştiam că voiai să te cuibăreşti lângă ea şi să dispar, ca să-ţi fac loc.

Eram mândru că totuşi ai încercat să nu-mi răneşti sentimentele. Dar cum m-am ridicat să fac cafeaua, am privit înapoi şi v-am văzut pe voi două, deja îmbrăţişate, trăgând de aşternuturi să vă acoperiţi. Şi atunci am simţit altceva, ceva foarte important, şi dulce, şi satisfăcător. Legătura dintre tine şi miss Janine se dezvoltase într-un mod atât de firesc, încât mi-era greu să-mi aduc aminte cum era înainte. Dar asta a schimbat-o pe soţia mea.

Ne-a schimbat pe amândoi în bine.

Înainte să vii în America, o informam tot timpul pe miss Janine: *Chika o să aibă nevoie de ajutor. Cred că Chika va trebui să fie operată şi să stea la noi.* Abia acum îmi dau seama că nu am întrebat-o niciodată dacă era de acord. Iar ea nu m-a făcut niciodată să simt că ar fi trebuit să o întreb.

Iar asta nu este un lucru neînsemnat. Casa aceasta este atât a ei, cât şi a mea. Însă ţi-a deschis braţele din clipa în care ai sosit. Iar în îmbrăţişarea ei ai găsit ceva ce eu nu ţi-aş fi putut oferi niciodată.

Miss Janine era cea care te îmbrăca, miss Janine te îmbăia. Miss Janine a fost cea care ţi-a ales pantofiorii cu breteluţe şi te ajuta cu închizătoarea. Miss Janine a fost cea care ţi-a pus clame în păr şi tot a ei era mâna pe care o luai când te îndreptai spre duş strigând la mine:

– Un pic de intimitate, te rog!

Când, din senin, ai întrebat:

– Cine o să mă ajute cu rochia de mireasă când o să mă mărit dacă trebuie să merg la pipi?

Miss Janine a fost cea care a răspuns:

– Eu.

Tot Miss Janine era cea care stătea şi desena curcubeie cu tine şi care-ţi pregătea la blender băuturile cu suplimente nutritive şi apoi te convingea să le bei. Miss Janine te consola când udai patul şi erai prea stânjenită să-mi spui. Miss Janine era cea care îţi citea versete din Biblie, care-ţi controla temele şi care a dormit în camera de spital când ai fost pentru prima dată internată. Ale lui miss Janine erau şuviţele pe care-ţi plăcea să le perii şi să ţi le pui apoi pe cap, aplecându-te şi ciripind:

– Ia uite, nenea Mitch! Semănăm la păr!

Iar când făceai asta, ea râdea, te trăgea lângă ea şi te lua în braţe, iar eu mă gândeam cât de stupid a fost din partea mea să-mi fac griji, la începutul mariajului nostru, în legătură cu ideea de a avea copii. Bărbaţii se tem adesea că, odată ce întemeiază o familie, soţiile lor se vor concentra mai mult asupra copiilor şi că relaţia lor se va limita la mersul cu maşina, treburile casnice şi dusul hainelor la spălătorie. Dar toate astea se bazează pe o idee prostească: refuzul de a împărtăşi atenţia.

Însă eu, când vă vedeam pe tine şi pe miss Janine împreună, mă simţeam şi mai împlinit. După atâţia ani împreună, consideri că-ţi cunoşti bine soţia, iar eu eram convins că o cunoşteam pe miss Janine ca pe buzunarele mele. Îi cunoşteam stările şi ştiam ce o emoţiona, îi cunoşteam toate nuanţele vocii şi ce însemna fiecare privire. Ştiam că era prietenoasă cu străinii şi că-şi iubea foarte mult familia, că avea mintea ascuţită şi că era o cântăreaţă uimitoare, care adesea lăsa timiditatea să o împiedice să le arate şi celorlalţi cât era de talentată. Ştiam că îi plăcea pâinea proaspătă, calamari, Beatles, corurile de gospel şi să aibă mereu casa plină. Ştiam că suferea adesea de dureri articulare, pe care le îndura în tăcere, că nu o lăsa inima să le închidă telefonul în nas agenţilor de vânzări, că moartea surorii sale, Debbie, a fost o tragedie imensă în viaţa ei. Ştiam că le oferea tuturor celor din jurul ei, indiferent de cât o răniseră, a doua şi chiar a treia şansă.

Ştiam că mă iubea mai mult decât meritam, că era de partea mea în orice conflict şi că, după douăzeci şi şapte de ani împreună, vocea ei răsuna în continuare bucuroasă ori de câte ori o sunam.

Dar, odată cu apariţia ta, Chika, s-a declanşat ceva nou, un sentiment de descoperire pe care îl trăiesc, bănuiesc eu, toate cuplurile, dar mult mai devreme decât noi. Era o pată de culoare nouă pe o pânză deja familiară. Privind-o cum te îmbrăca, te îmbăia, te hrănea, îţi cânta, m-a făcut să apreciez şi mai mult această femeie cu care mă căsătorisem, dar şi instinctele sale, care se manifestau atât de uşor, ca un bulb care aşteptase decenii de-a rândul să fie încălzit de razele soarelui.

Când am sărbătorit pentru prima dată împreună Ziua Recunoştinţei, ai ţinut neapărat să te dichiseşti, iar ea te-a îmbrăcat într-un tutu albastru sclipitor, un pulover mic negru şi ţi-a pus o bentiţă cu o floare mare, roz. I-ai cerut mărgele şi ea ţi-a dat două şiraguri; ce mândră de tine ai fost când te-ai văzut în oglindă! Nu ştiu de unde aveai înclinaţia aceasta spre modă, Chika, dar bănuiesc că ai privit-o adesea pe miss Janine îmbrăcându-se şi, cumva, ai vrut să fii ca ea.

În seara aceea am ridicat paharul în cinstea noilor sosiţi la masa noastră. Miss Janine a spus cât de recunoscătoare era să te aveam cu noi. Pentru prima dată, după multe sărbători petrecute ca un cuplu, ne-am simţit mai degrabă o familie. Ştiu cât de mult însemna asta pentru ea.

Dar când a sosit din nou Ziua Recunoştinţei, după două drumuri în Germania, lucrurile se schimbaseră atât de mult!... Vorbeai cu greu. Ochiul tău căzuse foarte mult. Nu puteai să alergi şi să te joci cu ceilalţi copii. Mâncatul devenise o chestiune complicată. Uneori ţi se scurgea mâncarea din gură. Dar cel mai rău pentru tine a fost că Aidan părea mai interesat de celelalte verişoare decât de tine. Când v-am aşezat unul lângă celălalt la masă, nu ai vorbit aproape deloc. Erai, probabil, conştientă de starea ta. Când am terminat de mâncat, Aidan a fugit să se joace.

Şi eu, şi miss Janine ţi-am văzut durerea din privire. Ne-ai întrebat, stând pe canapea:

– De ce nu mă iubeşte Aidan?

Îmi venea să-l iau cu forţa şi să-l oblig să stea lângă tine toată seara.

Dar miss Janine ţi-a răspuns duios. Ţi-a spus să nu-ţi faci griji, că toate se rezolvă cu timpul, că erai minunată şi că era foarte mândră de tine. Iar eu nu am fost niciodată mai mândru că eram soţul ei.

Aveai momente când îţi venea să-i spui „mami" lui miss Janine. Asta a însemnat pentru ea mai mult decât vei şti vreodată. Însă, indiferent de cât de mult şi-ar fi dorit în sufletul ei asta, îţi reamintea mereu cum era mama ta, căuta chiar cât mai multe informaţii despre ea, pe care apoi să ţi le împărtăşească.

Într-o seară, te uitai la filmul *Pan*[25] şi, după ce ai văzut scena în care Peter Pan are o viziune cu mama sa

[25] Apărut în 2015, este un film american regizat de Joe Wright, scris de Jason Fuchs şi reprezintă o poveste alternativă despre originea lui Peter Pan. (sursa Wikipedia) (n. tr.)

care murise, ai întrebat dacă o vei revedea vreodată pe mămica ta.

– Da, scumpo, ți-a răspuns miss Janine. O vei vedea în cer.

– Dar cum o să mă recunoască?

– Mămicile nu-și uită niciodată copilașii.

Ți-ai plecat capul.

– Și eu cum o să o recunosc *pe ea*?

Ne-am dat seama că amintirile tale cu ea nu erau prea multe. Adevărul era că stătuseși mai mult cu noi, la orfelinat și apoi în America, decât cu mama și cu nașa ta. În cazul acesta, unii ar putea pretinde drepturi asupra cuvântului „mami". Dar pe miss Janine nu o interesau titulaturile, ci doar să te iubească, să te protejeze, să-ți arate cât de minunată este viața, inclusiv cine erai înainte de a deveni parte din micul nostru univers.

Ți-aduci aminte când visai cum o să fie când o să te căsătorești, Chika? Ei bine, atunci când oamenii se căsătoresc, iubirea este despre doi oameni, despre cuplu. Dar când se nasc copiii, aceștia dau naștere unui alt fel de iubire, nu doar pentru noile ființe, ci pentru noua entitate care se creează. Familia. Nu este o iubire mai frumoasă decât cea de cuplu, ci una complementară, făurită din și mai multă apreciere, dintr-o inimă mai mare.

Mă gândesc, de exemplu, la cum, de trei ori pe zi, zilnic, miss Janine îți curăța tubul PICC, încet, cu atenție, frecându-l cu dischete îmbibate cu alcool sanitar, să se asigure că nu se infectează. Mă gândesc la toate dățile când te-a spălat, te-a însoțit la baie, te-a îmbrăcat și dezbrăcat. La toate diminețile în care voi două vă jucați sub așternuturi, la toate filmele pe care le-ați văzut împreună, tu stând la ea în poală, la toate dățile în care te lăsa să-i perii părul, să-ți pui cerceii ei sau s-o duci de mână oriunde te conducea curiozitatea, spunând:

– Miss Janine! Ia uite!

Mă gândesc la cum stătea lângă tine, mult timp după ce adormeai, rugându-se pentru un miracol și întorcându-și apoi spre mine ochii înlăcrimați, spunând:

– Nu o putem pierde, Mitch. Nu se poate.

Poate că există și alte cuvinte pentru toate acestea, cuvinte care nu sunt „mamă", dar, din câte știu eu, tot ce făcea Janine face, de obicei, o mamă. Și faptul că am putut să o văd în această ipostază este un cadou rar și prețios. Un cadou pe care mi l-ai făcut tu, Chika. De aceea l-am pus pe listă.

Într-o după-amiază, o auzim cântând în dormitor. Janine pregătește camera de filmat. Este un cântec gospel care se numește „No Longer a Slave”[26] *și pe care copiii din Haiti îl cântă la rugăciuni. Chika intonează vers după vers, stând în picioare în pat, îmbrăcată cu un tricou galben și pantaloni de pijama.*

În mod normal, când un adult intră într-o cameră, copiii încetează să cânte, mai ales dacă adultul încearcă să-i filmeze. Dar Chika nu se oprește când intră Janine. Ochii îi strălucesc, pare a fi în legătură cu ceva invizibil.

I'm no longer a slave to fear
I am a child of God.[27]

Cântă timp de opt minute. Fără oprire. Chiar și atunci când camera e la câțiva centimetri de chipul ei. Când termină, se întinde și închide ochii.

Janine iese din cameră, uluită.

– Și-a cântat singură în tot acest timp? întreb.

– Nu a cântat pentru ea, răspunde Janine. Vorbea cu Dumnezeu.

---

26 „Eliberat din robie” (în original, în lb. engleză) (n. tr.)

27 „Nu mai sunt roaba fricii, pentru că sunt un copil al lui Dumnezeu” (în original, în lb. engleză) (n. tr.)

Tu

Când am plecat ultima dată în Germania, la începutul lunii decembrie, ne-am simțit ca și cum ne duceam acasă. Același apartament în Köln. Aceeași gazdă italiancă amuzantă. Aceleași nouăsprezece trepte. Aceleași plimbări cu scaunul cu rotile prin piețe, pe bulevarde și la clinică. Iar tu, Chika, erai fericită să fii departe de mulțimea de musafiri prezenți de obicei de Ziua Recunoștinței și să ai parte de toată atenția noastră.

Dar era mai frig și trebuia să te înfofolim bine cu pături. Capacitatea ta de a vorbi se diminuase simțitor, partea de sus a corpului se balansa înainte și înapoi, de parcă ai fi ținut un ritm pe care-l auzeai doar tu, numai că, în realitate, era urmarea pierderii graduale a funcției motorii. Când mâncai, aveai probleme să apeși cuțitul și beai cu paiul ca să nu-ți cadă cana din mână. La târgul de Crăciun, te-am văzut studiindu-ți degetele și chinuindu-te să le miști pe rând, unul câte unul.

Mai erau și alte semne de rău augur. O fetiță cu care te împrieteniseși la clinică nu s-a mai întors, tumoarea avansase și se formase o a doua. În timpul unei consultații, pe când tu te uitai la un film pe un iPad, doctorul Van Gool ne-a arătat mie și lui miss Janine statisticile actualizate ale studiului, grafice cu linii negre şi verzi, cele verzi reprezentând pacienţii cei mai noi. Obiectivul, a spus el, era ca linia verde să se curbeze în creştere şi să o depăşească pe cea neagră, ceea ce ar fi reprezentat un armistiţiu între tratamentul imunologic şi progresia bolii.

La sfârşitul liniei negre am văzut un şir de marcaje roşii.

– Ce sunt X-urile acelea? am întrebat.

Janine m-a înghiontit:

– Sunt cruci, mi-a şoptit. Înseamnă că au murit.

În seara aceea, în bucătăria înghesuită a apartamentului, am cântat cântece pentru copii, în timp ce tu încercai să colorezi. Cântai cât puteai tu de bine. Părea că ţi se reaprinsese interesul pentru cântecele de copii, poate pentru că erau mai uşor de ţinut minte. Îţi plăcea la nebunie „Twinkle, Twinkle, Little Star."

Mi-amintesc cum, o dată, l-am cântat împreună în maşină, tu aşezată în scăunelul tău din spate, şi că mi-ai acoperit gura cu mânuţa ca să poţi încheia cântecul *solo*. Apoi m-ai întrebat:

– Ştiai că o stea poate să-ţi îndeplinească o dorinţă?

– Cum adică?

– Trebuie să zici „vreau ca steaua aceea (alegi una) să-mi îndeplinească o dorinţă". Şi steaua te va ajuta. Sau, mi-a sugerat în şoaptă, am putea să chemăm o stea la noi.

– La noi? am spus.

– Da, ca un cadou.

– Adică să o iei de pe cer?

– Da.

– Și-apoi să ciocănească la ușă și să zică „Bunăăă"?

– Nuuu... Stelele nu vorbesc.

Ar fi trebuit să spun: *Ba da, Chika, vorbesc. Eu tocmai ascult una.*

– Pare o idee bună, am mormăit, în schimb.

Iar tu ți-ai plecat capul în piept și eu ți-am sărutat părul. Aș fi blocat momentul acela muuult, mult timp, doar să mă uit așa la obrăjorii, și năsucul, și ochii tăi. Noi, adulții, suntem o adunătură de amărâți, Chika. Și cu toate astea, pe chipul fiecărui copil vedem cum Domnul nu ne-a abandonat. Iar chipul tău este dovada clară a acestui lucru.

Ceva s-a întâmplat după ce ne-am întors acasă din Germania. Erai lentă. Ai vomitat în mașină. Ochii tăi nu mai focalizau cum trebuie. Începeai propoziții pe un ton puternic, dar le sfârșeai într-o șoaptă.

Te-am dus la Spitalul Mott, unde ți-au făcut un RMN. Ne-au confirmat cele mai îngrozitoare temeri. Boala ta înregistrase o „progresie semnificativă". Și când mă gândesc ce însemna pentru noi, înainte, cuvântul acesta, *progresie*, adică ceva pozitiv, pe când acum era exact invers. Crăciunul atârna în calendarul de perete. Mai era o săptămână. Miss Janine făcuse bradul și cadourile pentru tine începuseră deja să apară. Uneori te surprindeam stând jos pe podea, cu privirea pierdută la ornamente, în tăcere, și când te întrebam la ce te uitai, priveai mai întâi lung spre mine înainte de a răspunde, de parcă încercai să mă găsești într-o furtună de zăpadă.

Noi

– OK, acum plec.

De ce, Chika?

– Pentru că o să te întristezi.

Și e ceva rău?

– Nu e rău. Doar că...

Își bate iar obrazul cu degetul arătător.

– ...nu e amuzant.

Vrei doar să te distrezi?

Dă exasperată din brațe.

– Păi da, normal! Sunt copil!

A pronunțat *copil* în două silabe, „co" și „pil". Nu-mi găsesc cuvintele să-i răspund.

– Mă-ntorc când termini, spune.

Stai! strig.

Se uită curioasă la mine.

Unde te duci? Când nu ești aici. Unde te duci? Poți să-mi spui? Poți să-mi spui cum e?

Își pleacă privirea.

– Poți să-mi spui cum e? spune ea.

Când repeta ce ziceam, de obicei însemna că nu știa cum să-mi răspundă. Afișa o încredere în sine falsă. Ca atunci când cânta o melodie de la o emisiune și se întrerupea la jumătate.

– Nu știi restul cuvintelor, Chika? o întrebase Janine.

– Ba *eu* le știu! răspunsese afectat. *Tu* nu le știi!

Nu, nu pot să-ți spun cum e, îi răspund acum. Vreau să cred că ești fericită, împăcată, alături de Dumnezeu și tânără pentru tot restul veșniciei. Că te joci și râzi și că poți folosi fiecare parte a corpului tău. Așa este? Așa este acolo unde te duci atunci când nu ești aici?

Se ridică pe vârfurile picioarelor.

– Nenea Mitch, de ce nu te simți bine?

Cum adică?

– Te doare rău.

Nu știu, spun. Medicii nu au găsit nimic.

– Nu durut de mers la doctor.

Își pune mâna peste a mea. Tricoul de pe ea are desenate cornete de înghețată.

Nu pleca, te rog, șoptesc.

– *It's a hard-knock life!*[28] cântă ea.

Apoi dispare.

---

[28] „Viața e plină de lovituri dureroase" (în original, în lb. engleză) (n. tr.)

Șapte

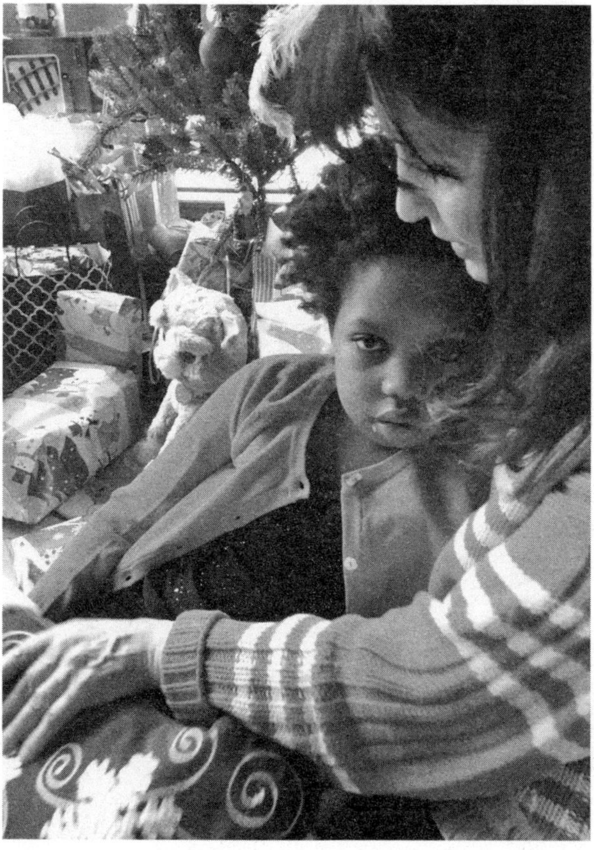

Tu

Îţi aduci aminte seara aceea, în Germania, când eram toţi trei în pat şi i-ai spus lui miss Janine:

– Vrei să-ţi spun un secret?

Şi miss Janine a zis:

– Ce?

Iar tu ai susurat:

– Dă-i un pupic lui nenea Mitch.

Şi ne-am sărutat aşa, în pat, deasupra capului tău, iar tu ai spus:

– Acum puteţi trăi fericiţi până la adânci bătrâneţi.

Ce n-aş fi dat să fie aşa!

Chika, eu nu am vrut să aibă şi capitolul şapte cartea asta. Aş fi preferat să mă opresc la şase, ca în poezia lui A. A. Milne, să ajung pe cât se poate de isteţ şi să rămân la şase pentru totdeauna. Ce frumos era când aveai şase ani! Ce amuzantă erai când aveai şase ani! Ce aventuri am trăit împreună când aveai şase ani! Încă aveai şase ani şi când am fost ultima dată la Köln. Îmi amintesc că am trecut, cu tine în căruciorul cu rotile, pe lângă o femeie bătrână care stătea pe caldarâm. M-ai întrebat ce făcea. Ţi-am spus că avea nevoie de ajutor şi că ar trebui să-i dăm nişte bani. Aşa că ai apucat nesigur bancnotele pe care ţi le-am dat, clătinându-te când te-ai aplecat spre ea.

– Bună, i-ai spus, iar ea ţi-a zâmbit aşa cum îi făceai tu să zâmbească pe toţi.

Şi-atunci m-am gândit: „Bine, Doamne, uite ce facem: ne oprim aici. Lasă-ne-o aşa. Chiar dacă rămâne în cărucior tot restul vieţii, chiar dacă se clatină şi abia vorbeşte. Te rog, opreşte totul aici şi-Ţi vom fi recunoscători".

Păcat însă că nu suntem noi cei care decidem unde este sfârşitul.

Şi să ştii că spre sfârşitul bătăliei tale am încercat toate tratamentele posibile. Nu am lăsat absolut nimic neîncercat. Am reluat infuziile cu Avastin la Spitalul Mott. Între timp, la sugestia mai multor medici din întreaga lume (mulţumită internetului), am făcut rost de o substanţă pe bază de monoterpenă, pe care o inhalai printr-un nebulizator, şi mai târziu ceva numit valproat de sodiu, care ţi-a fost injectat prin tubul PICC. Am căutat la o companie farmaceutică majoră un inhibitor al genei PMK care să se potrivească mutaţiei din tumoarea ta şi care, teoretic, putea avea efect, deşi nu era utilizat în acest scop.

Cred că toate acestea n-au niciun sens pentru tine, Chika, nici orele în care am dezbătut, căutat, telefonat, scris sau implorat pentru a obţine unele dintre lucrurile despre care ziceam mai sus, pentru că adesea era foarte greu şi, de obicei, la opusul medicinei convenţionale. Te-am ţinut departe de toate astea şi cred că a fost alegerea corectă. Totuşi, ţin să ştii asta: am încercat.

Scriind aceste pagini, recitesc dosarul medical pe care ni l-a furnizat spitalul. O notă din decembrie 2016 spune:

Starea ei neurologică a înregistrat o deteriorare acută, însoțită de slăbiciune/tonus scăzut (și) capacitate de vorbire aproape absentă/disartrică. RMN-ul a confirmat o ulterioară deteriorare radiografică.

Cu toate acestea, tutorii săi doresc să continue tratamentele...

Cu toate acestea. Sintagma mi-a sărit în ochi. Supraviețuiseși nouăsprezece luni unei boli care, credeau ei, avea să te ia de lângă noi în patru, iar cuvintele pe care au găsit de cuviință să le folosească au fost „cu toate acestea". Pentru mine, rezumau lupta pe care eu și Janine am simțit adesea că o duceam cu lumea medicală. Pentru că, pentru medici, indiferent de cât de empatici ar fi fost ei, tu erai una din mulți, iar pentru noi erai singura.

Din alt punct de vedere, „cu toate acestea" era sintagma perfectă. Înseamnă „în ciuda oricărei adversități". Și au fost atât de multe adversități în aventura noastră, Chika, chiar de la început! Ce probabilități erau să te întâlnim în Haiti? Ce probabilități erau să ajungi în grija noastră? Noi eram prea bătrâni, iar tu prea micuță. Tumoarea trebuia să te ia repede de lângă noi. Iar noi să ne împăcăm cu ideea.

Cu toate acestea, te-am întâlnit.

Cu toate acestea, ne-ai întâlnit.

Eu

Mă-ntreb dacă ştii ce se întâmplă acum pe la misiune, Chika. Ne poţi vedea? Treci pe acolo, aşa cum treci şi pe la mine?

Ştii de cei patru copii noi care dorm acum în camera fetiţelor ce, odată, era *acasă* pentru tine? Sau că miss Anachemy, fosta ta învăţătoare, o persoană minunată, a născut un băieţel? Sau că cei mai mari dintre copiii noştri se duc cu miss Gina în fiecare sâmbătă dimineaţa la o clinică pentru copii născuţi prematuri pentru a-i legăna în braţe?

Poţi vedea grădina în care am plantat împreună kale, fasole şi spanac, ştii, cea de lângă clădirea şcolii, pe care o îngrădisem cu sârmă până când unul dintre copii, alergând, a căzut accidental peste îngrăditură şi a rupt-o? Sau mica sala de muzică pe care o avem acum, cu un set de tobe, două chitare şi o claviatură mică?

Îl auzi pe domnul Yonel, directorul nostru adjunct, când se roagă pentru tine la capelă, în fiecare duminică? Ştii că doi dintre fraţii tăi mai mari de la misiune, Siem şi Emmanuel, studiază acum în America datorită unor burse? Ai văzut că, atunci când s-au mutat în camera lor de cămin, şi-au despachetat puţinele lucruri pe care le aveau şi printre ele se afla o fotografie cu tine, pe care au pus-o pe birou?

Ştii că Emmanuel studiază pentru a deveni doctor pentru că, după ce ţi s-a întâmplat, îşi doreşte să-i ajute pe copii? Poţi vedea cât de puternică este încă influenţa ta, în ciuda faptului că nu mai eşti printre noi? Oare ne este acordată această binecuvântare când trecem dincolo?

Sau e doar o speranţă înverşunată, disperată, de care ne agăţăm aici, pe Pământ, exact aşa cum am sperat noi că te vom putea face bine, ceva care este dincolo de puterea noastră?

Tu

Ultimul tău Crăciun a fost unul mut. În ajun te-am dus la reuniunea anuală de familie, însă mai mult te-ai uitat la cum ceilalţi copii mâncau şi-şi deschideau cadourile. Pe tine te hrăneam noi, lingură cu lingură de alimente moi, pentru că nu mai puteai ţine tacâmurile şi înghiţeai foarte greu.

A doua zi dimineaţă am făcut mica noastră petrecere acasă, doar noi trei. Miss Janine te-a îmbrăcat într-un pulover roşu potrivit ocaziei şi te-am ţinut în poală în timp ce-ţi deschideai cadourile. Scrutai fiecare ambalaj, decisă să nu pierzi vreunul, deşi îţi pierduseşi controlul asupra mişcării mâinilor. Murmurai „şe este?" când dădeam la o parte ambalajul roz, iar eu ridicam fiecare jucărie nouă şi-ţi explicam până dădeai din cap aprobator.

Ne-a luat aproape toată dimineaţa. Nu mai chiţăiai sau aplaudai de fericire, nici nu mai voiai să montăm jucăriile repede-repede; n-am făcut nici clătite, sau ouă, ori pâine prăjită cu unt de migdale, pentru că nu mai puteai mânca astfel de lucruri.

Dar îţi aduci aminte ce-am spus despre cum era dimineaţa de Crăciun fără copii pentru noi? Pentru prima dată în viaţa noastră, nu mai era aşa, Chika. Şi pentru prima dată în viaţa ta, ai avut, la rândul tău, o figură maternă şi una paternă doar ale tale, de Crăciun. În după-amiaza aceea, stând cu tine la masă, miss Janine a început să plângă. Cu mânuţele tremurânde, te-ai întins după un şerveţel şi i-ai tamponat uşor lacrimile. Apoi ne-ai apropiat feţele, să ne dăm un pupic.

În faza aceea, Chika, erau momente când mă întrebam dacă nu cumva exageram. Dacă nu cumva tratamentele îţi distrugeau corpul. Mă gândeam la câte ai îndurat. La efectele secundare. Păreai adesea atât de obosită!

Dar să te avem de acel Crăciun în braţele noastre, să te privim deschizând şoseta roşie, conştienţi că reuşiserăm să-ţi mai dăruim o zi, mai ales ziua aceea, ne-a făcut să ne simţim compleţi şi minunat, ca o familie care încearcă să preţuiască fiecare moment, ceea ce ar trebui să facă orice familie.

Două săptămâni mai târziu, am sărbătorit ziua ta de naştere, a şaptea. Toată lumea a fost prezentă la eveniment. Chiar toată lumea. Surorile şi fraţii noştri, verii noştri, copiii lor, toţi „prietenii" tăi de patruzeci, cincizeci şi şaizeci de ani şi toate persoanele cu care te-ai împrietenit în timp, de la asistente medicale la muzicieni. Cât de mulţi oameni ai atras! Petrecerea am ţinut-o acasă şi te-am îmbrăcat cu rochia ta galbenă preferată, cea a lui Belle, iar când miss Janine şi mai mulţi prieteni te-au adus în cameră în căruciorul cu rotile, eu ţi-am cântat „Mulţi ani trăiască!" la pian, acompaniat de toţi cei prezenţi.

Am chemat şi două „prinţese", pe Cenuşăreasa şi pe Frumoasa Adormită, iar când au intrat pe uşă, în ciuda ceţii care-ţi înconjura deja creierul, te-ai luminat toată. Prinţesele s-au jucat cu voi, au distribuit cadouri şi au cântat cântecele care erau redate de un player, inclusiv „A Dream Is a Wish Your Heart Makes," care se încheie cu versuri despre tristeţe, dar şi despre credinţa că dorinţele chiar se pot îndeplini. Nu prea puteai vorbi, dar ai stat tot timpul între mine şi miss Janine, ţinându-ne de mână. Însă ochii tăi nu pierdeau niciun detaliu.

În după-amiaza aceea te îmbrăţişam întruna, nu reuşeam să mă abţin, Chika, nu ştiu de ce. Dacă plecam un moment, când mă întorceam, te ridicam în braţe, strângându-ţi volanele galbene ale rochiei. Uneori, simţeam că te îngropai în umărul meu; am încercat să te fac să te uiţi la tortul tău, dar nu-ţi puteai ţine capul sus. A fost cea mai fericită şi mai sfâşietoare zi de naştere la care am asistat vreodată.

În timpul următoarei mele călătorii în Haiti îl rog pe Alain să mă ducă la un cimitir. Aprobă dând din cap, dar nu spune nimic. Tăcerea însă este grăitoare.

Mergem într-un loc numit Parc Du Suvenir, cu o alee care urcă spre nişte porţi mari. Este linişte şi foarte cald când ieşim din maşină; văd rânduri inegale de morminte acoperite cu smocuri de iarbă, unele verzi, altele uscate, de culoarea nisipului. Pietrele de mormânt sunt înghesuite una în cealaltă. Chika nu poate ajunge aici, în niciun caz. Respir sacadat. Transpir.

Se apropie un angajat şi-i cer să ne arate un loc mai retras. Spune că nu au aşa ceva. Continuăm să mergem. Pietrele de mormânt au formă de lacăte albe, mari. Pe multe dintre ele sunt scrise două, trei, chiar patru nume.

– Îi îngroapă pe morţi unul peste celălalt, spune Alain.

Îmi observă reacţia.

– Voi nu faceţi aşa?

Soarele arde brutal. Aud un camion trecând. În spatele nostru se adună acum mai mulţi angajaţi, unul poartă mănuşi de grădinar. Par curioşi de faptul că un american se află acolo, căutând un loc de veci. Găsim, în sfârşit, un colţişor sub câţiva copaci. Sunt două parcele neutilizate, una lângă cealaltă. Un fluture zboară printre frunzele copacului şi apoi se îndepărtează. Îl privesc ducându-se.

– Le putem cumpăra pe amândouă? îl întreb pe Alain. Ca să fie mai mult spaţiu.

– Putem, răspunde el.

La birou, o femeie de vârstă mijlocie cu ochelari și ruj roșu-purpuriu îmi cere datele personale. Când îi spun că vreau să cumpăr cele două parcele, mă întreabă:

– Pentru câte persoane?

– Una. Un copil.

Face ochii mari.

– E o aiureală. Se pot îngropa zece oameni acolo.

– Înțeleg, răspund. Dar eu aș vrea să fac cum v-am zis.

Clatină din cap.

– Veți mai avea nevoie și pentru alți copii?

Mă limitez să o privesc. Ce să-i răspund?

Termină de făcut actele. Plătesc. Ne urcăm din nou în furgonetă, iar bărbatul cu mănuși de grădinar ne face cu mâna în semn de rămas-bun.

Ne întoarcem la misiune în tăcere. Odată ajunși, văd cum câțiva dintre copiii noștri se joacă fotbal, iar alții sar coarda. Două dintre fetele noastre, cam de-o vârstă cu Chika, se sprijină pe o masă de picnic și privesc cerul, de parcă timpul nu ar exista pentru ele. Cum e posibil ca unii copii să aibă atât de mult timp, iar Chika atât de puțin?

Mă simt imediat rușinat, de parcă aș fi făcut ceva groaznic. Simt că vreau să mă duc repede la cimitir și să urlu: Anulați tot! S-a făcut o greșeală! E doar o copilă! Dar Alain plecase cu furgoneta să ia benzină pentru generator și mă lăsase acolo, singur, în picioare, sub soarele arzător.

A șaptea lecție

ÎNDATORIRILE CARE NE DEFINESC

Într-o după-amiază, pe vremea când deja nu mai puteai merge singură, stăteam amândoi la masa din bucătărie şi coloram. Mi-am aruncat un ochi spre ceas şi mi-am dat seama că întârziasem. M-am ridicat.

– Chika, scuză-mă, dar trebuie să plec.

– Nu, nu, ai protestat. Stai aici şi colorează.

– Chika, trebuie să plec la serviciu.

– Nenea Mitch, trebuie să mă joc.

– Dar este îndatorirea mea.

– Nu, nu este.

Ţi-ai încrucişat braţele.

– Îndatorirea ta este să mă duci pe *mine* în braţe.

Nici nu ştii de câte ori m-am gândit la propoziţia aceasta. Atunci am râs, pentru că erai poruncitoare şi adorabilă, ca de obicei. Cu cât te lăsau mai mult puterile, cu atât mai multă nevoie aveai de mine să te duc în braţe de colo până colo. Gândindu-mă la ce mi-ai spus, mi-am dat seama câtă înţelepciune conţineau cuvintele tale. *Îndatorirea ta este să mă duci pe mine în braţe.*

Aceste cuvinte au devenit ideea fundamentală a ultimului punct de pe lista mea, poate cea mai importantă lecție pe care am primit-o de la tine.

Îndatoririle pe care ni le asumăm ne definesc.

Iar efortul pe care îl facem devine moștenirea noastră.

Prima săptămână din februarie este, în mod tradițional, săptămâna Super Bowl-ului. Pentru redactorii sportivi, este un eveniment important. M-am ocupat de fiecare Super Bowl, din 1985 încoace. Treizeci și doi de ani fără întrerupere. Era ceva de care cei de la ziarul unde lucram se așteptau să mă ocup, iar eu mă mândream puțin cu asta și sperasem să continui să o fac până aveam să ies la pensie.

Dar în 2017 am lipsit. Toate lucrurile de care mă ocupasem înainte, toate proiectele care păruseră cândva atât de importante se duseseră. Ca materialele dintr-o remorcă, atunci când este descărcată. În săptămâna în care se împlineau douăzeci și una de luni de luptă cu boala, adică cea mai mare rată de supraviețuire a unui copil diagnosticat cu DIPG, situația era deja diferită de cea de la petrecerea de ziua ta de naștere, din urmă cu o lună. Tumoarea, așa cum a spus doctorul Van Gool, „crescuse în mod scandalos". Nu te mai puteai hrăni singură, a fost nevoie de un tub. Mai întâi, au încercat unul care-ți trecea prin nas pentru a ajunge în esofag. Dar ți-l smulgeai de fiecare dată când nu erai supravegheată. (Sincer, o parte din mine te aplauda. Cine ar fi suportat așa ceva?!)

Din păcate, însă, soluția alternativă mai stabilă a fost una și mai rea: ți-a fost inserat chirurgical în abdomen un tub gastric. În fiecare zi și în fiecare noapte trebuia să ataşăm pungile de alimente lichide, care apoi treceau printr-o pompă şi erau împinse în tub, după care în burtica ta. De asemenea, infuzam de mai multe ori pe zi medicamente prin tubul PICC, îl sterilizam, îl curăţam pe interior cu heparină şi-apoi îl băgam la loc în mâneca albă de pe braţul tău. Printr-un alt tub din plastic, îţi nebulizam monoterpenă pe nas. Nu ştiu, Chika, cum suportai atâtea aparate! Cu toate acestea, chiar dacă vocea ta minunată se redusese la câteva sunete, tu erai tot tu. Îţi înclinai capul uşor pentru a-mi arăta cu ce păpuşă voiai să dormi noaptea. Le-ai spus un „bună" firav copiilor din Haiti când te-am sunat pe Facetime. O dată m-am înecat şi am început să tuşesc rău, iar miss Janine a zis:

– Trebuie să-l bată cineva pe spate. Chika, vrei să-l baţi pe spate pe nenea Mitch?

M-am aplecat şi ai bătut cu palma de trei ori pe spatele meu.

În ziua când avea loc Super Bowl, eu eram cu tine în pat, căutând un film la care să ne uităm. Îţi citeam cu voce tare titlurile, dar ai reacţionat abia când am ajuns la *Dl. Peabody şi Sherman*. Ai ridicat degetul mare în semn de aprobare. Şi ne-am uitat împreună.

La un moment dat, în film, domnul Peabody, un câine, merge în faţa unui judecător pentru că vrea să-l adopte pe protejatul său, un băiat pe nume Sherman.

Şi judecătorul îl întreabă:

– Eşti sigur că vei fi în stare să faci faţă tuturor provocărilor pe care le implică a creşte un om?

Iar câinele răspunde:

– Cu tot respectul cuvenit, cât de greu poate fi?

Am decis, stând aici, că nu voi povesti în detaliu ultimele opt săptămâni pe care le-am petrecut cu tine, Chika. Au fost dificile, ne-au pus la grea încercare: măsuri medicale disperate, aparatul de ventilație și cilindrele din cauciuc cu care te băteam ușor pe spate ca să te ajutăm să tușești, un tub de aspirație care-ți intra pe nas și în gât pentru a extrage mucusul ce te împiedica să respiri. Pe deget aveai un pulsoximetru, care-ți măsura pulsul și nivelul de oxigen din sânge, cu un beculeț roșu ce se aprindea și se stingea continuu pe timpul nopții, trezindu-ne pe mine și pe miss Janine ori de câte ori nivelurile scădeau prea mult sau creșteau prea mult. Ajunsesem să identific valorile corecte și cele problematice la o secundă după ce deschideam ochii. Eu nu prea urăsc, în general, dar pulsoximetrul acela chiar l-am urât. Era ca o sclipire roșie care semnala numărătoarea inversă a existenței tale.

Cu toate acestea, mai erau și lucruri pozitive. Continuai să transmiți o forță vitală ce i-a topit pe majoritatea experților care te îngrijeau. O echipă de fizioterapeuți dintr-un loc numit Walk The Line a început să sune acasă când nu ai mai putut merge acolo, pentru că, spuneau ei, „ne e dor de Chika". O asistentă-șefă pe care o chema Donna, de la o companie denumită Health Partners, venea neanunțată pe la noi doar ca să vadă ce mai faci. Uneori intram la tine în cameră și te găseam cu vreo doi prieteni de-ai tăi, vreo trei membri ai familiei, niște asistenți medicali și cineva care cânta la ukulele. Atrăgeai foarte mulți oameni.

Într-o seară i-am spus unei asistente pe care o chema Shawn și care era la fel de înaltă ca mama ta, că-ți plăcea foarte mult muzica gospel. Atunci ne-a întrebat dacă-i dădeam voie să-ți cânte ceva.

Ne-am strâns în jurul patului mic de spital în care zăceai, iar Shawn s-a lansat într-o minunată interpretare a melodiei „His Eye Is on the Sparrow".

„Cânt pentru că sunt fericită
Cânt pentru că sunt liberă
Domnul veghează și vrăbiuțele
Și știu că mă veghează și pe mine."

Ochii tăi priveau, minunându-se. Pot spune că acel moment chiar a fost o mică minune. Miss Janine a plâns.

Era aprilie când ți-ai trăit ultimele zile; se dăduse ora înainte și vremea se încălzise. Reușiseși să supraviețuiești douăzeci și trei de luni. Pentru o persoană diagnosticată cu DIPG însemna foarte mult timp. Miss Janine spusese despre tine că ești un miracol, și chiar ai fost, în foarte multe feluri.

Înainte să sting luminile, seară de seară, îți studiam chipul, atât de imobil, de inocent, lipsit de orice expresie. Mi-e greu să-ți explic cât de neputincios mă simțeam, Chika, incapabil să duc alături de tine bătălia care-ți devasta creierul. Tu de unde aveai atâta putere? Mă face să mă gândesc la lupta lui Iacov cu îngerul de pe malul râului, care a durat toată noaptea. M-am întrebat de multe ori de ce acea luptă a durat atât de mult, dacă îngerul l-a schilodit pe Iacov doar atingându-i șoldul.

Presupun că voința impetuoasă a fost cea care a făcut ca Iacov să vadă lumina dimineții. Așa cum voința ta impetuoasă, Chika, te-a adus până aici, permițându-ne să fim încă împreună, după aproape doi ani de luptă.

Da, preţul pe care l-am plătit a fost mare. Am pierdut pe drum vocea ta minunată şi-am rămas cu ochii tăi doar pe jumătate deschişi, ochii în care priveam în fiecare zi şi spuneam: „Bună dimineaţa, fată frumoasă". După atâtea bătălii purtate, corpul tău se întorsese la forma longilină pe care o avea când ai sosit în America. Erai mai înaltă cu câţiva centimetri, dar, din anumite puncte de vedere, parcurseseşi cercul întreg, închizându-l.

Pe 6 aprilie, la primele ore, valorile tale au scăzut dramatic. Bătăile inimii încetiniseră cu mult, iar respiraţia îţi devenise sporadică. Dormeam pe jos, lângă dulap, pentru că bipuitul exasperant al pulsoximetrului mă ţinuse treaz, când am auzit o asistentă chemându-mă. Am sărit ca un arc, strigând:

– Ce-i? Ce s-a întâmplat?

Iar asistenta mi-a răspuns:

– Cred că a sosit momentul.

Eu şi miss Janine ne-am aplecat asupra ta, mângâindu-ţi obrajii catifelaţi. Am încercat să ne încurajăm. Dar când a sosit dimineaţa, învăluită în ceaţă, mă domina o senzaţie că ceva era în neregulă. Pentru noi nu sosise momentul. Mi-am apăsat urechea pe pieptul tău şi-am auzit un sunet ca un horcăit.

– Se luptă, am spus.

– Nu, sunt doar sunetele pe care le scot copiii... la sfârşit, ne-a spus o angajată a spitalului.

Am privit-o pe Janine. A clătinat din cap. Mă simţeam la fel ca în urmă cu doi ani, în sala de conferinţe cu doctorul Garton.

– Nu, am spus. Se luptă. Şi dacă luptă ea, luptăm şi noi.

Te-am înclinat în faţă şi, iartă-mă, Chika, dacă am făcut ceva greşit, dar am început să te bat pe spate cu micile cilindre din cauciuc, aşa cum fusesem învăţat, ţi-am băgat tubul de aspiraţie pe nări, până în gât, aşa cum fusesem învăţat, şi te-am bătut iar pe spate repetând: „haide, fetiţa mea, haide, dacă vrei să lupţi, luptă". Şi, sub ochii asistenţilor care priveau uluiţi, bătăile inimii ţi-au crescut, respiraţia s-a ameliorat şi în cinci minute erai din nou într-o zonă sigură. Miss Janine se holba la mine, amândoi respiram greu, iar unul dintre asistenţi a murmurat:

– Nu am mai văzut niciodată aşa ceva.

Şi, printre lacrimi, şi eu, şi miss Janine ne-am gândit la acelaşi lucru:

Cu toate acestea...

Fiecare om este definit de ceea ce alege să-şi asume în viaţă. Poate fi povara de a-ţi hrăni familia, responsabilitatea vieţii pacienţilor, binele pe care simţi că trebuie să-l faci pentru ceilalţi sau păcatele de care nu vrei să te eliberezi. Cu toţii avem îndatoriri sau greutăţi de dus, zi de zi, indiferent de natura acestora. Iar tu, Chika, aşa cum ai afirmat atât de sfidător, ai fost îndatorirea mea atât timp cât ai stat cu noi.

Îndatorirea mea a fost, şi este, să-i duc în braţe pe fraţii şi pe surorile tale de la orfelinat.

Din câte se pare, deşi am aflat asta atât de târziu, îndatorirea mea este să-i îngrijesc pe copii, deşi nu am avut niciunul al meu.

Şi nici nu mă pot gândi la o îndatorire mai minunată.

Într-o seară, pe când încă putea vorbi, Chika își ia un urs din pluș cu ea în pat. Era un cadou primit la spital. Un Urs Vindecător, așa îi spuneau.

În dormitor este întuneric. Mă așez în genunchi lângă ea.

– Hei, bună, îi spun ursulețului. Ești cumva al Chikăi?

Chika își acoperă fața cu ursul.

– Da, șoptește.

– Ce norocos ești! Chika este o fetiță cu adevărat specială.

– Aham.

– Dar să nu-i spui. Trebuie să rămână un secret între mine și tine.

– Sunt ursul Chikăi, nu pot să țin secrete față de ea.

– Bine, atunci să nu-i spui cât de mult o iubesc. E un secret.

– Chika știe deja cât de mult o iubești.

– Știe? spun, sceptic. Și cam cât de mult?

Chika apucă ursul de brațe și face cum fac eu mereu, trage de ele până se ating în spate.

– Uite-aaatââât de mult!

Ochii mi se umplu de lacrimi.

– Așa este, spun. Atât de mult.

Tu

Şi iată-ne aici.

După ce te-ai mobilizat într-un mod incredibil în acea dimineaţă ceţoasă de aprilie, i-am sunat pe toţi cei care te-au iubit, pe toţi cei cărora le-ai atins sufletul, să le spunem că, dacă voiau să te vadă, acela era momentul. Şi-au venit. Oh, şi-ncă cum! Îţi plac paradele? Pentru că tu ai avut parte de una doar pentru tine, Chika, o procesiune cât a fost ziua de lungă: familia, prietenii şi mica ta armată de suflete în care ai intrat fără să le mai părăseşti. Au venit, au stat lângă tine, te-au ţinut de mână şi le-am povestit cum te-ai întors la noi de pe marginea prăpastiei în dimineaţa aceea. Iar dacă aceea trebuia să fie ultima poveste din milionul de poveşti pe care l-am fi avut de spus despre tine, s-a dovedit o poveste grozavă, plină de curaj şi sfidătoare, exact aşa cum eşti tu.

În seara aceea, după ce şi-au spus rugăciunile, toţi copiii din Haiti au fost adunaţi laolaltă, iar noi ţi-am ţinut la ureche un iPad, în timp ce fiecare îţi spunea „Noapte bună, Chika" sau „Noapte bună, scumpo".

Ziua următoare, 7 aprilie, s-a dovedit o zi frumoasă de primăvară. Şi imediat după prânz, cu soarele sus, ca o insulă pe cer, ai început să ne spui adio.

De data asta nu am mai trăit nicio spaimă oribilă, n-am mai sărit ca un arc în întuneric, n-am mai auzit mici horcăituri. Erai culcată pe spate, cu capul înclinat în jos. În salon se auzea în surdină muzică haitiană. Miss Janine s-a pus pe o parte a patului tău şi eu pe cealaltă şi te-am luat de mânuţe, exact aşa cum îţi plăcea, aşa cum făcuserăm în Germania, când ne-ai spus să ne sărutăm şi să trăim fericiţi până la adânci bătrâneţi. Pe ecranul televizorului rulau fotografii cu tine, în tăcere, una după alta, fotografii fericite cu tine aici, la noi, purtând ochelarii de înot, jucându-te cu mine în nisip, lingând o îngheţată... Erai acolo, la doar câţiva metri distanţă, de neatins şi totuşi atât de plină de viaţă. Şi erai lângă noi, la câţiva centimetri distanţă, atât de uşor de atins, alunecând încet, ca în somn, către lumea cealaltă.

– Te iubim, Chika, repetam încet. Te iubim atât de mult...

Îţi mângâiam degeţelele. Umerii. Obrăjorii, care, atunci, la final, erau mai catifelaţi decât orice altă catifea de pe Pământ. Te-am sărutat de nenumărate ori. Ţi-am numărat respiraţiile. Erau atât de rare! Doar cinci într-un minut.

Apoi patru.

Apoi trei.

Peste noi se lăsase o tăcere profundă. Familia şi prietenii aşteptau afară. Eram doar noi trei, lipiţi unul de celălalt, ca în cortul de lux pe care-l inventaseşi tu şi care-ţi plăcuse atât de mult.

Apoi miss Janine, în lacrimi, a respirat adânc şi ţi-a spus:

– Este totul bine acum, Chika... Poţi să te duci la mămica ta, în cer.

Şi s-a frânt în sughiţuri, în timp ce inima mi-a plesnit în două, pentru că ştiam cât de greu era să spui aşa ceva.

Şi ştiam că o vei asculta.

Două respiraţii.

Una.

Noi

Îmi ţin capul în mâini. Am ochii înceţoşaţi. Simt că o să leşin.

– Gata, ai terminat? îmi zice Chika.

Abia îmi ridic privirea.

Am terminat.

– Ai văzut? Ţi-am zis că mă întorc şi am venit.

Îmi frec obrajii cu palmele.

Vino-ncoace, scumpo, spun.

Vine în faţa mea. Este îmbrăcată din nou cu pijamaua *My Little Pony*, are părul prins în codiţe, arată ca în prima dimineaţă petrecută la noi acasă, când am făcut împreună ouă bătute.

Ascultă, spun eu, înecându-mă cu lacrimile. Ştiu că totul este doar în mintea mea. Ştiu că nu poţi fi cu adevărat aici, în faţa mea. Dar dacă tot ai venit, vreau să-ţi spun ceva.

– Bineee... spune Chika tărăgănat, aşezându-se cu coatele sprijinite de genunchii mei şi cu bărbia în palme. Ce vrei să-mi spui?

Doar asta. Nu te-am făcut eu. Dar pentru mine ai fost copilul meu. Te-am iubit mai mult decât orice, şi eu, şi miss Janine. Şi oriunde te-ai dus după ce ai părăsit acest pământ, ai plecat ca o parte din familia mea, din mai multe familii, de fapt. Tu ne-ai transformat într-o familie, Chika. Miss Janine, eu şi tu. Nu mi-am dorit nimic mai mult pe lume decât să te salvăm. Chiar dacă Domnul a avut planuri diferite. Şi mi-e dor de tine în fiecare clipă. Nu trebuie să te gândeşti niciodată că te-am putea uita, pentru că nu este posibil să te uităm, am uita orice altă amintire, am renunţa la toate amintirile, dar la amintirea ta, niciodată. Ai luat cu tine o parte mare din noi, Chika, partea cea mai bună, care-ţi era destinată, şi sper că-ţi va rămâne aproape pentru totdeauna. Am vrut să-ţi spun asta ca să mă asigur că niciodată, nici măcar pentru o clipă, nu te vei gândi că ai părăsit această lume fiind a nimănui.

Îşi strânge buzele de parcă ar sta şi s-ar gândi. Apoi rânjeşte şi-şi deschide braţele.

Mă apropii de ea şi, pentru prima şi singura dată, eu o ating primul şi o simt, o simt din nou. O trag în braţele mele şi-i simt braţele în jurul gâtului, fălcuţa moale şi părul împletit pe obrazul meu. O îmbrăţişez strâns, aşa cum făceam înainte, iar ea stă în braţele mele de parcă nu ar fi plecat niciodată.

Apoi se lasă pe spate, zâmbeşte şi-şi pune bluza de pijama în cap.

– Unde-i Chika? întreabă.

Şi-şi pune mânuţa în dreptul inimii mele.

– Uite unde e!

Apoi dispare.

Epilog

Medjerda „Chika" Jeune a fost îngropată în Haiti, pe 15 aprilie 2017. Mulți dintre americanii care au ținut la ea au luat avionul pentru a asista la ceremonie, la care au fost prezenți și nașa ei, și tatăl ei, tot personalul de la orfelinat și, spre marea noastră surprindere, fratele ei mai mic și două surori mai mari. După aceea, un grup restrâns a însoțit-o la cimitir; fluturi zburau în jurul copacilor care-i umbreau mormântul.

Pe piatra funerară fuseseră inscripționate versurile pe care și le cântase chiar ea în acea seară:

MWEN SE PITIT BONDYE

„Sunt un copil al lui Dumnezeu"

Mai târziu, la orfelinat, copiii noștri, îmbrăcați în hăinuțele lor cele mai bune, s-au adunat pentru mica lor ceremonie spirituală. Mulți au luat cuvântul și au povestit ce le plăcuse cel mai mult la Chika, inclusiv că „îi plăcea foarte mult să mănânce". După aceea am lansat trei duzini de baloane roz în onoarea ei, care au zburat foarte sus, plutind deasupra străzilor din Port-au-Prince.

Mişcându-mă prin mulţime, l-am văzut pe frăţiorul ei, Moïse, şi aproape că mi s-a tăiat respiraţia. Semăna extraordinar de bine cu ea. Avea trei ani, aceeaşi vârstă pe care Chika o avea când a venit la noi. Mi-am deschis braţele spre el, iar băieţelul s-a aruncat în ele. Ne-am strâns şi totul mi se părea şi nou, şi familiar în acelaşi timp.

Mai târziu în acea după-amiază, tutorele său, unchiul Chikăi, a cerut să stea de vorbă cu mine. Mi-a spus că îl luase pe Moïse după ce mama Chikăi murise pentru că mititelul nu avea unde să se ducă. Dar el şi soţia lui aveau copiii lor şi banii erau puţini. Văzuse cum era la misiune, dormitoarele, bucătăria, şcoala.

– Credeţi că ar fi posibil, m-a întrebat, să-l luaţi voi pe Moïse acum?

Şi aşa am şi făcut.

Chiar şi acum trăieşte acolo, împreună cu Mirlanda, sora Chikăi.

Lumea este un loc uimitor.

Hai să încheiem aşa această poveste. În fiecare dimineaţă, când îmi beam cafeaua, Chika mă privea cum mi-o preparam şi, aşa cum făcea ea de obicei, spunea pe un ton afectat:

– Ce-i aia?

– E cafea, Chika.

– Ce n-aş da să beau şi eu puţină cafea...

A insistat luni la rând. Cu cât îi spuneam că nu e o băutură pentru copii, cu atât mai mult şi-o dorea. Apoi, într-o dimineaţă, am cedat. Chika a apucat cana cu ambele mâini şi a sorbit o guriţă, făcând „mmm!”

Nici acum nu ştiu dacă ţi-a plăcut cu adevărat sau doar te-ai bucurat de senzaţia „de om mare".

Şi, când privim înapoi, asta e ceea ce ne bântuie cel mai mult. Nu chinul. Nu boala. Ci faptul că trec anii şi noi tot spunem „Chika ar fi împlinit opt ani" sau „Chika ar fi împlinit nouă ani" şi, într-o bună zi, „Chika ar fi la facultate acum. Şi ar bea cafea". Nu ne doare timpul pe care şi l-a petrecut luptând. Însă ne lipseşte să o vedem crescând. Timpul care i-a fost luat. Viitorul pe care nu l-a văzut niciodată. Toate aceste lucruri încă ni se par foarte nedrepte.

Dar niciunul dintre noi nu ştie ce-i poate aduce ziua de mâine. Doar ce facem azi poate schimba lucrurile. Chika umplea fiecare zi. Se scălda în ea. O trăia din plin. Şi întotdeauna, întotdeauna, dăruia ceva, un zâmbet, cel mai adesea.

Oamenii mă întreabă ce am învăţat din această experienţă. Am încercat să explic prin intermediul acestor pagini. Dar, mai presus de orice, trebuie să spun asta: familiile sunt ca operele de artă. Pot fi constituite din orice fel de material. Uneori, materialul e biologic. Alteori, se contopesc mai multe materiale. Alteori, e vorba doar despre un amestec între momentul potrivit şi circumstanţele potrivite, exact ca ouăle acelea bătute într-o bucătărie din Michigan.

Dar, indiferent de cum se naşte o familie sau cum se desface o familie, un lucru rămâne întotdeauna adevărat: copiii nu se pierd. Iar noi nu am pierdut un copil. Noi am primit un copil.

O fetiţă minunată.

Mulțumiri

Șapte ani sunt un timp prea scurt pentru o viață, dar reprezintă suficient de mult cât să fi mângâiat multe alte vieți, care, la rândul lor, au răspuns cu aceeași mângâiere. Aș vrea să le mulțumesc aici tuturor persoanelor care au adus mângâiere timpului scurt, dar însuflețitor care i-a fost dat Chikăi pe pământ.

Mai întâi, celor care s-au îngrijit de sănătatea ei: întregii noastre echipe de la orfelinatul Have Faith - dădacelor, învățătoarelor și învățătorilor, directorilor noștri haitieni, Alain și Yonel, și directorilor noștri americani, Jeff și Patty, Jennifer și Jeremiah, Anachemy și Gina. Dedicarea voastră pentru Chika, pentru toți copiii noștri, este mai mult decât înălțătoare.

Herzuliei Desamour, nașa Chikăi, care a luat-o lângă ea când mama ei a murit. Lui Rolande St. Lot, care a îndrumat-o către noi. Celor peste patruzeci de frați și surori de la orfelinat, pentru că i-au oferit Chikăi afecțiune și s-au jucat cu ea în timpul pe care l-a petrecut acolo.

După ce a început lupta ei cu boala DIPG, lista a devenit și mai lungă. O viață poate atinge multe altele. În ordine aleatorie, le mulțumesc tuturor oamenilor care ne-au ajutat de-a lungul timpului:

Personalului incredibil de la C.S. Mott Children's Hospital din Ann Arbor, Michigan, care a acceptat-o şi iubit-o pe Chika ca pe un far aducător de lumină şi de bucurie şi care ne-au ajutat să acoperim cheltuielile medicale enorme: dr. Pat Robertson, dr. Carl Koschmann, dr. Hugh Garton şi dr. Greg Thompson, care au văzut-o de atâtea ori pe Chika venind şi plecând de la spital, şi nenumăraţilor medici, asistente medicale şi echipei de sprijin care au făcut-o întotdeauna să se simtă specială pe durata spitalizării. Nu mă mir că Superman stă la voi pe hol.

La fel de multe mulţumiri trebuie să aduc spitalului Beaumont din Royal Oak, Michigan şi incredibilei echipe de la Radiologie de acolo, condusă de dr. Peter Chen. Personalului care o trimitea acasă cu mai multe jucării decât un magazin Walmart; ca să nu mai zic că o lăsau să sune ea din clopoţel când sesiunile de tratament se încheiau. Vă îmbrăţişa pe fiecare dintre voi.

Echipa de la Memorial Sloan Kettering din New York, inspirată de tenacitatea dr. Souweidane, care merită, de asemenea, mulţumirile mele. Sperăm că informaţiile învăţate de la Chika vor fi de ajutor şi altor persoane care încearcă abordarea CED.

Şi, în Germania, mulţumiri din inimă doctorului Van Gool şi personalului atât de inteligent şi de amabil de la IOZK din Köln. Chika a fost atât de fericită acolo, cu voi! Cred că simţea că abordarea imunologică va deveni un succes. Şi familiei şi memoriei micuţei Gianna, care, deşi pentru scurt timp, a devenit prietena de peste ocean a Chikăi.

Mulţumiri speciale lui Tammi, Jason şi Lloyd Carr, care şi-au transformat suferinţa în acţiune plină de inspirație, creând Fundația Chad Tough. Ați făcut pentru noi ceea ce am încercat să facem și noi pentru alții care luptau cu boala DIPG. Într-o zi, datorită oamenilor ca voi, cineva va reuși să învingă monstrul.

Recunoștința noastră nesfârșită tuturor organizațiilor care au acceptat cauza Chikăi: Walk the Line de la SCI Recovery (Erica și Ira și echipele care veneau la domiciliu); Health Partners Inc. (John Prosser, Donna, și incredibilele asistente care veneau și la miezul nopții, dacă trebuia); tuturor persoanelor de la Hospice of Michigan și doctorului Ken Pituch și echipei de la Ann Arbor; Born Yoga din Birmingham, Michigan (mulțumesc, Ashley, pentru că ai învățat-o pe Chika să zboare), și echipei medicale autohtone de asistenți la domiciliu: Judy, Jill, Susie, Mary, și „doctorului" Michelle. Lui Julie Ford pentru că ne-a școlit în legătură cu tuburile PICC, lui Greg Holmes și lui Katherine Roth, pentru cunoștințele lor vaste în nutriție, doctorului Hunt pentru dinții Chikăi, și lui Kevin și Cindy, pentru acel mic scaun special.

Acum vine rândul „prietenilor" Chikăi. Pentru ea, vârsta nu conta deloc. Doar inima și timpul vostru. Pentru că le-ați împărtășit cu generozitate cu fetița noastră, cele mai profunde mulțumiri, din nou, în ordine aleatorie, lui Frank (care a luat-o peste tot), lui Kim și Walid (care au luat-o pe unde nu a fost cu Frank), lui Nicole M. (Baba... ghan-*oush!*), lui Dianne (profesoara pe care o admira atât de mult!), doctorului Val și lui Rick (proprietarul câinelui ei preferat), Marinei, lui Rudy și Chris (gazdele ei belgiene), Antoinettei (gazda ei din Köln), lui Margareth, familiei Alley și „bunicii" Peggy, lui „pastor Donkey", Jordan, Lyn, Carmella, Catherine (de la înot), Connie și Linda (care ne-au ținut casa și, de mult ori, pe noi, în picioare), doctorului Chad Audi și familiei sale, lui Rosemary, Margie M., Terrie și Doug, Monicăi și lui Heath, Vito, Sandy, Taki, Yuki, Tomoko și Kaz, Perry G., Mike și Trish („Liniște!"), Dellei, Sarei lui Werr, LaKema C. și, bineînțeles, întotdeauna, familiei noastre mari și iubitoare, Carei, neobosita, minunata mea soră, care-i aducea temele Chikăi, fratelui meu Peter, care o făcea pe Chika să râdă, lui Kathy, Tricia și „Papa" Rick, Greg, Anne-Marie și copiilor lor (de-acum toți știu ce simțea ea pentru Aidan), lui Johnny S. și tuturor nepoatelor și nepoților noștri care au cunoscut-o: Jesse și Marlee, Gabriel, Laura Beth, Nicole S., Johnny, Daniel, Michael și Lindsay, (mica) Janine și Anton și fiicele sale, Devon și Steven, Alex, David și Jenny, Paul, Joey și Josh.

Familia noastră a devenit familia ei, iar Chika nu putea fi mai fericită să vă aibă alături.

Și lumea mea profesională s-a contopit cu lumea Chikăi, așa că mulțumiri profunde „domnului Marc" Rosenthal, „domnului Mark" Mendelsohn (nu te-a făcut niciodată derbedeu), lui Kerri (pentru nesfârșitele transcrieri), lui Jo-Ann, Vince, Antonellei, colegilor mei de la radio, Jean Yee și Lisa Goich (pentru petrecerile la distanță pe care le organizau pentru Chika), și colegilor de la edituri, pentru răbdarea de care au dat dovadă când am ales să mă dedic Chikăi.

Această carte nu ar fi luat naștere fără David Black, care a insistat timp de zeci de ani, spunându-mi că aș fi un tată bun, și minunatei echipe de la Black, Inc., Susan Raihofer, Matt Belford și Skyler Addison. Redactorului meu, Karen Rinaldi, care s-a luptat cu mine ca Iacov cu îngerul, dar numai pentru a obține cea mai bună versiune a acestei povești pe hârtie: îți mulțumesc foarte mult pentru asta. Umila mea apreciere oamenilor de treabă de la Harper:

Jonathan Burnham, Leah Wasielewski, Stephanie Cooper, Doug Jones, Leslie Cohen, Tina Andreadis, Emily VanDerwerken, Jacqui Daniels, Rebecca Raskin, Hannah Robinson, Milan Bozic, Leah Carlson-Stanisic, John Jusino, Michael Siebert, şi tuturor celorlalţi care m-au ghidat în scrierea acestei cărţi până la publicare.

Doresc să le mulţumesc tuturor prietenilor, colegilor şi medicilor noştri care nu au fost enumeraţi aici, pentru că oricine te însoţeşte într-o călătorie ca aceasta, chiar şi pentru o zi, devine o mică parte a poveştii.

Dar mai ales şi pentru cele mai multe motive: lui Janine. De-a lungul anului în care am scris această carte, m-a ascultat citind paginile cu voce tare şi a fost greu şi sfâşietor şi plin de iubire şi amuzant, adică exact ce înseamnă să ai un copil extraordinar, dar bolnav.

Această poveste este a mea pentru că a fost povestea ei.

A Chikăi. A lui Janine. Şi a mea.

A noastră.

Mitch Albom
Detroit, Michigan
August 2019

Despre autor

Mitch Albom este autorul a numeroase opere de ficţiune şi non-ficţiune. A scris şapte bestselleruri numărul unu *New York Times*, inclusiv *Marţi cu Morrie*, cea mai bine vândută carte de memorii din toate timpurile. Cărţile sale s-au vândut, în total, în peste patruzeci de milioane de exemplare în întreaga lume şi au fost traduse în patruzeci şi şapte de limbi, în patruzeci şi nouă de ţări. Albom a scris, de asemenea, scenarii de filme de televiziune premiate, piese de teatru reprezentate pe plan internaţional, un musical şi, timp de treizeci de ani, un editorial publicat în mai multe ziare. El a fost votat de treisprezece ori în cariera sa drept cel mai bun editorialist de sport din America de către Associated Press Sports Editors. În 2006, Albom a fondat SAY Detroit, care supraveghează acum nouă organizaţii caritabile în zona metropolitană a oraşului Detroit, iar din 2010 a început să gestioneze orfelinatul Have Faith din Port-au-Prince, pe care îl vizitează lunar. El şi soţia sa, Janine, locuiesc în Michigan.

De toate încasările pentru drepturile de autor ale
acestei cărţi va beneficia
orfelinatul Have Faith din Haiti.